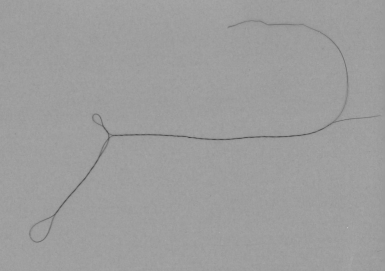

출판 혁명

독자의 취향을 저격하는
출판의 새로운 시도들

출판
혁명

———

류영호 지음

한국출판마케팅연구소

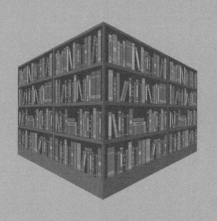

디지털 시대, 변화의 길목에 선 출판 비즈니스

〈기획회의〉 500호를 기념하는 『출판 혁명』을 준비하면서 출판과 책의 정의를 먼저 떠올렸다. 『두산백과사전』에 따르면, 출판은 "문서文書·회화繪畵·사진 등의 저작물을 인쇄술, 기타의 방법으로 복제하여 다수 독자에게 발매 또는 배포하는 일"을 의미한다. 이어서 책은 "인간의 사상이나 감정을 글자나 그림으로 기록하여 꿰어 맨 것"을 뜻한다. 출판과 책은 서로 떨어질 수 없는 지식 문화 창작 행위이자 결과물로 인류의 역사와 함께하고 있다. 서구의 구텐베르크 혁명 이후 출판과 책의 대중화 시대가 열렸고, 종이로 만든 책과 기록물이 모여 서점과 도서관을 통해 수많은 독자와 이용자의 손에 전해졌다.

여전히 '저자 – 출판사 – 서점·도서관 – 독자·이용자'로 이어지는 출판과 책의 연결 프로세스는 유효하고, 다양한 독서 문화 활동이 수많은 곳에서 전개된다. 그리고 이것은 하나의 지식 문화로 자리를 잡았으며, 지금도 출판을 둘러싼 환경과 사업 구조에 적지 않은 변화가 진행되고 있다. 수십 년간 볼 수 없었던 혁신적인 정보 통신 기술의 등장, 쓰기·읽기 방식의 다변화, 오프라인과 온라인을 넘나드는 채널 혁신 등이 대표적이다. 출판을 포함한 콘텐츠 산업은 편리한 디지털 소비와 감성을 중심에 둔 아날로그 소비를 병행하면서 성장하고 있다.

앞으로 출판계는 소비자 중심의 콘텐츠 생산과 유통에 더욱더 전념하고 투자해야 한다. 전통적인 책과 정보 통신 기술ICT이 결합한 북테크book tech의 시대가 열렸지만, 아직 규모의 경제를 이룰 정도는 아니다. 또한 디지털화에 속도가 붙고 있지만, 종이책과 아날로그 문화는 여전히 사람들에게 안식을 제공하는 역할을 충실히 하고 있다.

2010년대부터 세계 출판 산업에서는 소셜 미디어를 이용한 각종 출판 마케팅과 커뮤니티 운영이 활발하게 진행되고 있다. 소셜 미디어 채널을 개설해 적극적으로 운영하면서 높은 성과를 달성하는 출판사와 서점도 많다. 각종 출판 관련 행사도 오프라인에서만 하는 것이 아니라, 페이스북 라이브와 유튜브 실시간 스트리밍을 이용하는 경우가 많아졌다. 무료로 플랫폼을 이용할 수 있고, 시간과 공간의 제약이 거의 없기 때문이다. 이제 인스타그램, 핀터레스트, 트위터를 통해 책을 홍보하는 출판사와 작가의 모습은 보편적인 것으로 인식된다. 2019년 10월 현재 펭귄랜덤하우스의 페이스북 페이지의 팔로워는 95만여 명, 하퍼콜린스 US의 인스타그램 팔로워는 약 30만 명에 이르며, 이들은 독자와 직접 연결된 네트워크 확보에 주력한다.

이렇게 정보 통신 기술의 발달에 따른 출판 콘텐츠 홍보 방식의 변화는 빠르게 전개되고 있다. 다양한 영상, 게임, 웹툰 등 뉴미디어 콘텐츠의 급성장 속에서 출판 시장은 더욱 치열한 경쟁 상황에 놓여 있다. 그러나 콘텐츠 생산과 소비 시장에서 사람들이 쓰고 읽는 활동 시간과 비중은 더욱 늘어나고 있다. 아마존 창업자 제프 베조스는 "오랜 기간 변하지 않는 것이 무엇인지를 확인하고 그것에 집중하는 것이 사업의 성패를 좌우한다"라고 조언했다.[1] 이를 출판계에 대입해보면, 매체의 형태와 채널은 변하고 있지만 흥미롭고 감동이 있는 이야기를 쓰고 읽는 사람들의 활동은 변하지 않을 것이다.

출판의 경제적 원동력은 다양성에서 시작된다. 국제 정치와 경제 상황의 변화는 출판물 기획과 판매에 직접적인 영향을 미친다. 따라서 미국과 중국의 무역 전쟁, 유럽과 남미의 불안정한 정세, 아시아의 인구와 소득 수준의 변화 등이 출판 시장의 변수로 작용할 것이다. 또한 종이책과 전자책의 교차 성장과 함께 오디오북 시장의 성장도 계속될 듯하며, 온라인과 모바일로 이동하는 유통 채널의 변화도 충분히 감지된다. 오프라인 서점도 시장 상황과 독자의 생활 양식 변화에 맞춰 상품을 구성하고, 큐레이션과 커뮤니티 역량을 키워나갈 것이다. 아마존과 메이저 출판사들의 위상은 계속 높아지겠지만, 독립 서점과 개인 저자의 활동도 발전적으로 진행될 것이다. 개인과 집단을 통해 만들어지는 수많은 지식과 정보, 이야기는 아날로그와 디지털, 텍스트와 오디오·비디오를 넘나들면서 독자와 만날 것이다. 이제 출판계는 역량 있는 저자와 열정적인 독자를 더욱 효율적으로 연결할 수 있는 콘텐츠를 만들고 파는 데 더욱 집중해야 한다. 오늘도 세계 출판계는 아날로그와 디지털의 균형을 회복하고, 정치·경제·문화의 최전선을 지켜나가고 있다. 인류 사회에서 '변하지 않는 것'을 위해 쌓아온 출판의 힘은 그 자체가 매력적인 스토리story라는 것을 잊지 말아야 한다.

2020년대에는 4차 산업혁명 시대에 본격적으로 대응하면서 정보 통신 기술과 연결된 출판 시장에서 더 많은 실험과 도전이 이어질 전망이다. 그리고 그만큼 북테크의 시대가 더 가까워질 것이다. 블록체인, 인공 지능, 증강 현실, 가상 현실, 빅데이터 등이 출판과 결합하면서 새로운 출판 콘텐츠 제작과 마케팅, 유통 구조 혁신을 불러올 것으로 기대된다. 출판 저작권 거래도 책 중심에서 엔터테인먼트 콘텐츠를 포함한 IPIntellectual Property 비즈니스 중심으로 옮겨질 전망이다. 실제로 산업의 경계가 무너지면서 출판과 인접한 산업의 사업자들이 출판에 직접 뛰어들거나 매력적인 IP를 확보해서 부가 가치를 창출해 성공하는 사례가 많아지고 있다. 이처럼 출판은 스토리 사업의 뿌리로서 상상력을 자극하는 양질의 매체로 인정받고 있다.

『출판 혁명』은 세계 출판 산업에서 미래를 위해 도전하는 개인과 조직의 대표적인 사례를 모았다. 창작과 제작, 유통까지 콘텐츠 시장의 변화를 주도했거나 업계에서 처음 시도했던 사례를 핵심적으로 다루었다. 국내보다 해외 사례를 주로 다룬 것은 출판 혁신 그룹이 해외를 중심으로 운영되고 있기 때문이다. 그래서 아마존, 반스앤노블, 구글, 코보, 펭귄랜덤하우스 등 메이저 출판 사업자와 왓패드, 굿리즈, 인키트, 시리얼박스 등 북테크 스타트업들을 주요 대상으로 삼았다. 물론, 독립 출판사와 서점도 기존의 대형 서점 체인에서는 보기 어려운 큐레이션과 커뮤니티 활동 등을 통해 신선한 행보를 자주 보여주었다. 이들의 활동이 국내 출판 생태계에 건강한 자극제가 되었으면 하고, 앞으로 국내 출판 사업자 중에서 세계 출판계의 혁신을 주도하는 곳이 속속 등장했으면 한다.

그리고 한 번쯤은 읽어봐야 할 짧은 사례와 용어는 사전식으로 정리했다. 총 35개의 키워드는 세계 출판 생태계의 변화에 적지 않은 역할을 했던 내용들이다. 크게 보면, 쓰기와 읽기, 유통, 독서 문화, 사례, 용어로 구분해서 정리했다. 출판 생태계 속 각자의 위치에서 벤치마킹하거나 각종 출판 연구에 참고해보길 바란다.

마지막으로 〈기획회의〉 500호를 기념하여 특별 단행본으로 기획된 이 책을 위해 함께 고심하고 제작해주신 한국출판마케팅연구소의 모든 관계자분들께 감사의 말씀을 드린다.

1 하버드비즈니스리뷰, 「Jeff Bezos on Leading for the Long-Term at Amazon」(https://hbr. org/2013/01/jeff-bezos-on-leading-for-the)

차례

1장

콘텐츠, 플랫폼, 서점계의
새로운 시도들

스토리텔링 플랫폼과 IP 사업
: 왓패드

왓패드의 시작과 현황

2006년 캐나다에서 처음 문을 연 왓패드는 세계 최대의 웹소설 플랫폼으로, 50여 개 언어로 서비스되고 있다. 서비스 장르는 주로 SF, 판타지, 로맨스, 호러, 팬픽션 등이며, 작가가 직접 자신의 원고를 작성하거나 독자들끼리 소통할 수 있게 구성되어 있다. 왓패드는 '텍스트 유튜브'라고 불릴 정도로 플랫폼의 규모가 빠르게 확장되고 있다. 월 8,000만 명 이상의 독자와 작가가 이용하고 있으며, 평균 이용 시간은 37분, 매달 이용하는 전체 시간은 220억 분, 사용자 중 Z세대Generation Z 또는 밀레니얼 세대Millennial Generation는 90%에 이른다.

왓패드는 전 세계의 다양한 언어로 이야기를 제공하면서 독자 커뮤니티를 구축한다. 기존 출판계와 엔터테인먼트 산업에 잘 알려지지 않은 스토리를 선호하며, 비슷한 세계관을 가진 이용자들을 수시로 연결한다. 작가는 자신의 작품을 정기적으로 업데이트하면서 독자의 반응을 얻을 수 있다. 왓패드 직원들이 직접 추천하는 왓패드 픽스Wattpad Picks를 통해서도 좋은 기회가 생길 수 있다. 작가는 장르·하위 장르·설명·트렌드와 관련된 해시태그를 걸어두면 주제별 순위에 빠르게 진입할 수 있다. 또 왓티 어워드Watty Awards, 왓콘WattCon 등 창작 경연 대회를 개최해 수상자를 발굴하고 작가의 경력 증진을 지원한다.

스마트 미디어 환경의 확산과 비즈니스 모델 혁신 차원에서 왓패드는 스토리텔링 플랫폼을 넘어 커뮤니티를 기반에 둔 소셜 미디어로 확장하고 있다. 2017년에는 인기 장르인 로맨스와 팬 픽션이 여성들에게 인기를 얻으면서, 이용자 수가 40% 증가했다. 왓패드에서 쓴 글의 저작권은 작가에게 귀속되지만 다른 형태의 콘텐츠로 계약되는 경우 수익을 왓패드와 나눠 가진다.[1]

2016년에는 왓패드 스튜디오를 만들면서 자사의 스토리 콘텐츠 활용을 본격적으로 추진했다. IP 비즈니스로 전략 방향을 넓힌 것이다. 왓패드 스튜디오는 작가의 경력을 성장시키기 위해 다양한 비즈니스 제휴를 추진하고 있다. 현재 1,000개가 넘는 왓패드의 오리지널 스토리는 TV 프로그램과 영화로 제작되고 있다. 이를 통해 왓패드는 IP 사업의 원스톱 숍으로 발전하면서 비즈니스 영향력을 확장하고 있다.

왓패드 스튜디오는 브랜드 파트너십에 적극적이다. 에이티앤티AT&T, 코카콜라 등 100개 이상의 브랜드와 협력해서 영상 광고 및 캠페인 공모전을 진행하고 있다. 더불어 라이언스게이트,

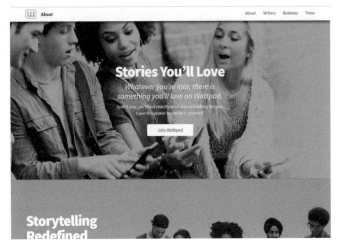

— 왓패드 소개 화면

폭스, 파라마운트 등 대형 영화 스튜디오와 함께 스토리 IP 공모전을 진행하고 있다.[2] 2017년 10월에는 캐나다 글로벌 엔터테인먼트 기업인 엔터테인먼트 원Entertainment One, 2018년 6월에는 독일의 영상 콘텐츠 제작사인 바바리아픽션Bavaria Fiction과도 협업했다.[3]

왓패드의 새로운 시도들

왓패드는 텐센트Tencent 등 아시아 투자자들로부터 투자를 유치해 아시아 시장 진출을 강화하고 있다. 2018년 1월에는 텐센트와 여러 벤처 캐피털로부터 5,100만 달러를 추가로 유치하면서, 투자 금액이 총 1억 1,700만 달러를 웃돌았다. 참고로, 2018년 왓패드의 기업 가치는 4억 달러에 달했다. 왓패드는 단순히 무료로 글을 올리고 읽을 수 있는 웹소설 플랫폼을 뛰어넘어 콘텐츠 기업으로서의 성공 가능성을 입증하고 있다.

왓패드의 회원 중 약 30%가 동남아시아에 사는 만큼 아시아는 플랫폼과 콘텐츠 사업의 주력 지역으로 부상했다. 2019년 2월에는 한국의 화이브라더스코리아와 독점 엔터테인먼트 파트너십을 체결했다. 양사는 영화, TV 및 기타 디지털 미디어 프로젝트에 맞춰 왓패드 커뮤니티에서 제공하는 콘텐츠를 공동으로 제작하기로 했다. 지승범 화이브라더스코리아 대표는 "왓패드와의 협력을 통해 데이터에 기반을 둔 스토리텔링 개발 방식 및 글로벌 시장에서 이미 수많은 독자의 사랑을 받고 있는 검증된 IP에 접근이 가능해졌다. 이를 기반으로 국내에서 드라마 및 영화를 제작하고 다시 글로벌 시장에 선보일 예정"이며, "최근 넷플릭스 등 글로벌 온라인 동영상 플랫폼의 영향력이 커지면서 다양하고 차별화된 콘텐츠의 수요가 급속도로 증가하고 있고, 이에 맞춰 화이브라더스코리아도 콘텐츠 제작 경쟁력을 지속적으로 강화하고 있는 중"이라고 말했다.[4]

2018년 5월에는 왓패드에서 조회 수 1,900만 뷰를 기록한 로맨스 소설 「키싱 부스The Kissing Booth」의 영화판이 넷플릭스에서 개봉되었고, 10억 뷰를 기록한 「애프터after」는 종이책으로 출간되었으며, 파라마운트 스튜디오에서 영화로 제작되었다.

「애프터」는 인기 록밴드 멤버를 주인공으로 한 팬픽션fan fiction 으로 영화 제작 소식과 함께 40여 개 국가에서 책으로 출간되었다. 『그레이의 50가지 그림자』, 『트와일라잇』 등의 사례처럼 소설의 영상화는 확실히 대세로 자리 잡은 상황이다. 왓패드는 유니버셜 스튜디오, 소니픽쳐스, 인도네시아의 아이플릭스iflix와도 협력해서 영화와 드라마를 기획·개발하고 있다. 훌루에서 방영하는 〈라이트 애스 어 패더Light As A Feather〉의 두 번째 시즌은 어썸니스TVAwesomenessTV, 그램넷Grammnet과 공동으로 제작할 예정이다.[5]

이처럼 미국 영상 콘텐츠 업계에서 IP 발굴 채널로 주목받고 있는 왓패드의 영상화 성공 요인은 무엇보다 플랫폼 이용자에 대한 세부적인 분석 데이터에 있다. 왓패드는 모든 콘텐츠마다 구매자 수, 조회 수 등 1차 데이터와 이용 시간, 다시 읽는 횟수, 완료율, 가장 많이 읽힌 부분 등 2차 데이터도 수집한다. 왓패드는 이러한 데이터를 체계적으로 분석해서 영화 및 TV 콘텐츠 제작사 또는 스트리밍 서비스 업체들이 IP를 구매할 때 중요한 참고 자료로 제공한다. 이용자가 남기는 무수한 데이터는 왓패드의 분석 알고리즘을 통해 의사 결정 과정에서 위험을 줄이는 데 핵심적인 역할을 하고 있다.

왓패드의 공동 창업자이자 CEO인 앨런 로는 「마스터 플랜」이라는 제목의 글에서 "영화와 텔레비전에 대한 할리우드의 사업 개발 프로세스는 본질적으로 비효율적인 측면이 많다"고 비판했다. 확실한 증거 없이 수백만 달러가 투자되는 영화가 성공할 것이라고 생각하는 건 문제가 있다는 의미다. 왓패드 스튜디오 대표인 아론 레비츠도 "왓패드가 보유한 우수한 IP 풀과 데이터를 통해 비효율을 개선할 수 있기 때문에 다수의 주요 콘텐츠 기업과 파트너십을 맺을 수 있었다"고 말했다.[6]

왓패드가 보유한 IP 중에서 대표적인 영상화 기획·개발 작품인 「키싱 부스」는 넷플릭스에서 방영되면서 영화 정보 사이트 IMDb에서 인기 순위 4위에 올랐고, CW네트워크에서는 〈큐피드 매치 Cupid's Match〉 파일럿 영상의 시청률이 최상위권에 오르기도 했다.[7] 이러한 인기는 기존의 왓패드 이용자 사이에서 작품별로 팬덤이 구축되고 영상화 콘텐츠로 그 영향력이 연결되기 때문에 가능한 것으로 분석된다.

소니픽쳐스도 왓패드와 손을 잡고, 왓패드의 스토리 IP를 먼저 볼 수 있는 퍼스트 룩 first look 딜을 통해 영상 제작에 적합한 스토리를 확보할 수 있게 되었다. 독점 여부는 명확하게 나오진 않았지만, 일정 수준의 영상화 판권은 먼저 확보할 수 있었다. 왓패드가 보유한 IP 중에서 몇 편 정도 영상화가 되면 왓패드 플랫폼에 스토리 작가들이 계속 몰려들 것이고, 소니픽쳐스는 그만큼 양질의 스토리를 확보할 수 있게 된다. 매력적인 작품이 모여서 영상화 제작으로 이어지는 선순환 구조가 만들어지는 것이다. 또한 넷플릭스도 출판계와의 네트워크를 강화하는 등 영상 제작 및 유통 플랫폼의 IP 확보 전쟁이 더욱 치열해지고 있다. 따라서 매력적인 스토리텔링이 있는 문학 작품과 작가에 대한 러브콜은 더욱 늘어날 전망이다.

왓패드의 주요 수익 채널은 스토리 IP 판매를 통해 발생하는 판권 수익과 크라우드 펀딩 및 네이티브 광고 등이다. 왓패드는 기존 수익 채널 이외에도 프리미엄 서비스를 열어 운영하고 있다. 왓패드 프리미엄은 유튜브 프리미엄처럼 광고 없이 좋아하는 콘텐츠를 읽을 수 있고, 보너스 코인으로 사용자 화면의 색상을 개인 취향에 맞게 변경할 수 있다. 이용 요금은 월 5.99달러(USD), 연간 구독료는 59.88달러(USD)로 30일 무료 사용 혜택이 제공된다.

왓패드는 새로운 기술과 아이디어, 교육 지원 프로그램을 통해서 플랫폼의 영향력을 강화하고 있다. 중독성 있는 앱 탭 바이 왓패드tap by wattpad를 통해 채팅, 화상 통화, 전화 통화 등과 연계된 콘텐츠도 제공하고 있으며, 혁신적인 기술을 통해 스토리의 무한한 가능성을 실험하고 있다. 왓리드wattLEAD 프로그램은 작가 교육, 멘토링, 스토리텔링 기술 캠프 등 다면적인 평가와 성과 검토를 걸쳐 작가에게 지속적인 피드백을 지원한다. 이러한 혁신적인 활동이 가능한 이유는 왓패드 멤버 모두 스타트업 커뮤니티의 일원이라는 생각을 갖고 있기 때문이다.

출판 사업에 진출한 왓패드

가장 주목되는 왓패드의 행보는 머신 러닝 기술을 적용한 출판 사업으로, 2019년 1월에 왓패드북스Wattpad Books라는 이름으로 전통적인 출판 시장에 도전장을 내밀었다. 왓패드 스튜디오를 통해 할리우드 영화 제작 방식에 새로운 관점을 제시한 것처럼, 출판 시장에도 왓패드만의 색깔을 녹여보겠다는 의미로 보인다. 전통적인 출판은 개별 편집자의 취향이 기준이 되지만, 왓패드에서는 수억 건의 스토리를 스캔하고 분석해서 상업적인 성공을 결정할 수 있는 테마나 요소를 찾아낸다.[8] 이것은 데이터 중심의 접근 방식을 편집자의 비판적인 시각과 결합하겠다는 전략으로 보인다.

왓패드북스는 왓패드 스튜디오 앤 퍼블리싱Wattpad Studios and Publishing의 부장인 애슐리 가드너가 이끌기로 했다. 왓패드북스는 2019년 하반기에 6종의 종이책을 출간할 예정이다. 그리고 출간 도서는 왓패드에 등록된 5억 6,000만 건 이상의 원고를 분석한 데이터를 바탕으로 결정될 것이다. 왓패드북스의 책은 미국에서는 맥밀란Macmillan, 캐나다에서는 레인코스트북스Raincoast Books가 공식 유통 파트너로 선정되었다.

데이터 기반 출판 시스템으로 출간된 도서는 베스트셀러 상위권에 오를 확률이 매우 높다. 전문 편집자와 마케터의 역량과 출판사의 지원도 무시할 수 없다. 다만, 데이터를 바탕으로 원고를 분석하고, 독자의 반응을 세부적으로 평가할 수 있기에 출판

위험을 최소화할 수 있다. 따라서 데이터 기반의 출판 시스템은 미래 출판 전략의 중심이 될 것이다.

또한 장르 문학 소설 작가들은 전통 출판의 틀을 넘어 웹과 모바일 기반의 플랫폼에서 독자들과 자유롭게 만날 수 있다. 이러한 커뮤니티는 이야기의 완성도를 높이는 데 긍정적인 영향을 미치고 독자의 흥미를 유발한다. 왓패드의 출판 시스템은 앞으로 웹소설 작품과 이용 패턴을 데이터로 분석하고, 머신 러닝을 통해 판매 성공 확률을 극대화하는 대표적인 모델로 자리 잡을 것이다.

---

1 벤처스퀘어, 「헐리우드도 반한 '스토리텔링 플랫폼'의 성공 비결」(https://www.

venturesquare.net/763154)

2 디지데이 UK, 「Story-sharing app Wattpad looks to Asia」(https://digiday.com/marketing/story-sharing-app-wattpad-looks-asia)

3 왓패드 홈페이지, 「Bavaria Fiction Forges Exclusive Partnership with Wattpad for New Source Material」(https://company.wattpad.com/blog/2018/6/18/bavaria-fiction-forges-exclusive-partnership-with-wattpad-for-new-source-material)

4 텐아시아, 「화이브라더스코리아, 왓패드와 국내 독점 콘텐츠 개발 파트너십 체결」(https://entertain.naver.com/read?oid=312&aid=0000371445)

5 테크크런치, 「Wattpad's latest deal will turn its stories into TV shows and movies in Korea」(https://techcrunch.com/2019/02/13/wattpads-latest-deal-will-turn-its-stories-into-tv-shows-and-movies-in-korea)

6 벌처, 「How Wattpad Is Rewriting the Rules of Hollywood」(https://www.vulture.com/2018/07/how-wattpad-is-rewriting-the-rules-of-hollywood.html)

7 테크크런치, 「Netflix's latest hit 'The Kissing Booth' is a Wattpad success story」(https://techcrunch.com/2018/06/14/netflixs-latest-hit-the-kissing-booth-is-a-wattpad-success-story/)

8 뉴욕타임스, 「Wattpad, the Storytelling App, Will Launch a Publishing Division」(https://www.nytimes.com/2019/01/24/books/wattpad-books-publishing-division.html)

온라인 서점의 오프라인 진출이 시작되었다: 아마존북스[1]

아마존북스의 시작과 현황

2015년 11월에 아마존 본사가 있는 미국 시애틀에서 오프라인 서점 아마존북스Amazon Books 1호점이 개점했다. 1995년부터 온라인 도서 판매를 시작한 지 20년 만에 얻은 성과였다. 단순하게 보면 오프라인 서점이 문을 연 것이지만, 전통의 온라인 퍼스트online first 기업이 채널을 오프라인으로 확장한 보기 드문 사례다. 기본적으로 아마존북스는 아마존닷컴의 물리적인 확장판이면서 온라인과 오프라인의 강점을 통합하는 공간을 추구한다.

아마존북스에서 판매되는 책들은 아마존닷컴에서 고객들이 매긴 평점과 선주문량, 판매량, 소셜 리딩 커뮤니티 굿리즈에서 언급되는 비율, 내부 큐레이터의 평가를 복합적으로 고려해 선택된다. 되도록 많은 책을 표지가 전면에 보이게 진열하는데, 이는 온라인 서점의 도서 진열 방식과 동일하다. 이것은 웹에서처

— 아마존북스 소개 화면

럼 이용자에게 책에 대한 많은 정보를 전달하기 위해서다. 작가
들도 대부분 자신의 작품이 벽면 서가에 꽂히는 것보다는 표지
가 전면에 보이길 바란다.

아마존북스는 기본적인 내·외부 인테리어와 진열 및 운영 방
식이 표준화되어 있다. 2019년 기준으로 아마존북스는 미국 전
역에 19개 매장이 개점했고, 3개 매장이 추가로 문을 열 예정이
다. 창업자이자 CEO인 제프 베조스는 수년 내에 아마존북스 매
장을 총 300~400개까지 늘리겠다고 발표한 바 있다.[2] 현재 아
마존북스의 손익 관련 사항은 외부에 공식적으로 알려지지 않
았으며, 오프라인 사업 확장을 이어가는 중이다.

아마존은 아마존북스 오픈을 계기로 기존 출판업계와 온·오
프라인 서점에 서로 싸우지 말고 함께 발전하자는 메시지를 전
달하는 데 주력하고 있다. 이미 미국 출판 시장에서 상당히 높은

시장 점유율을 보이고 있기 때문에 오프라인 서점까지 독식할 거라는 우려를 탈피하기 위한 전략으로 보인다.

서점 규모는 매장별로 일부 차이가 있는데, 뉴욕 맨해튼 시내 콜럼버스 서클 매장은 내부 370㎡(약 112평) 규모로 3,000여 권의 책을 판매하고 있다. 재고 관리 창고와 직원 휴게실 등을 포함하면 좀 더 넓다. 오프라인 공간을 확보함에 따라 아마존은 오프라인 이벤트 등 기존에 온라인에서 하기 어려웠던 여러 행사를 시도하고 있다. 아마존북스에는 종이책 외에도 전자책 킨들Kindle과 에코Echo, 파이어Fire TV와 파이어 태블릿 등 아마존의 각종 기기를 테스트할 수 있는 공간도 마련되어 있다.

아마존북스의 핵심 전략

그러면 아마존북스의 핵심 전략을 3가지로 정리해보자.

첫째, 온라인에서 확보한 고객 통찰력으로 오프라인에서 차별적 가치를 제공하라. 아마존북스는 온라인상에서 판매하는 책에 대한 평점, 선주문량, 판매량 등을 바탕으로 매장에 서적을 진열하고 아마존닷컴 사이트에서 제공하는 추천 서비스If you like처럼 판매되는 책과 이와 관련된 추천 도서를 함께 진열하고 있다.

또한 킨들 독자들이 강조 표시를 한 데이터를 분석하여 가장 많이 강조 표시된 문구로 책을 소개하는 등 킨들에서 확보한 데이터 분석 결과를 오프라인 매장에 적용한다.

평점 4.8 또는 5를 받은 책, 아마존닷컴에서 리뷰가 1만 개 이상 달린 책, 해당 지역에서 가장 인기 있는 책을 소개하는 리드 로컬Read Local 등 흥미로운 도서 큐레이션도 선보인다. 책을 사랑하는 아마존닷컴의 고객들이 평가한 내용과 의견을 활용해 좋은 책을 찾으려는 사람들을 도와주는 것이다.

아마존북스는 이미 아마존 사이트와 킨들을 통해 도서 구매, 독서 행동 등과 관련한 방대하고 다양한 고객 데이터를 보유하고 있다. 그리고 온라인 데이터를 바탕으로 한 경쟁 우위를 오프라인에 그대로 적용하여 매장을 방문한 고객에게 제공하는 가치를 증진하는 전략을 활용하고 있다.

아마존북스에는 계산 전담 직원이 없고 소수의 직원이 고객 안내와 간단한 일대일 상담에 집중한다. 상품 진열 칸에는 가격이 표시되어 있지 않다. 판매 가격을 알고 싶으면 중간에 배치되어 있는 전용 키오스크kiosk에 도서 바코드를 찍으면 일반 회원용 가격과 프라임 회원용 가격이 별도로 표시된다. 계산대에서는 신용카드 결제만 가능하고, 프라임 회원은 아마존 전용 앱을 통해서 원클릭one click 결제를 사용할 수 있다. 책을 많이 구입해서 직접 들고 가기 어려운 고객을 위해 배송 서비스도 지원한다. 심지어 아마존북스에서 제공하는 종이봉투에도 책과 관련된 정보가 충실하게 들어 있다.

아마존북스 내부는 크게 블랙(성인 분야)과 블루(어린이/청소년 분야) 컬러로 구역이 나뉘어 있다. 매장의 모든 정보는 기본적으로 색깔과 글자체 등 모든 사항을 규격화해서 깔끔하게 정리된 인상이다. 이는 온라인 서점에서 풍기는 느낌을 오프라인에서 구현한 것이다. 비슷한 규모의 오프라인 독립 서점이 보여주는 아기자기한 풍경과는 차별성을 보인다. 매장 내 모든 책은 표지를 전면으로 진열하는데, 이것은 독자가 표지를 보고 책을 찾거나 구입을 결정하는 비율이 매우 높다는 데이터 분석의 결과다.

그러면 고객이 아마존북스를 방문하기 전이나 매장 내에서 아마존 전용 앱을 활용할 수 있는 방법을 알아보자. 우선, 아마존 전용 앱을 열면 좌측 전체 메뉴에 아마존북스 코너가 있고, 이를 터치하면 각 매장 위치와 도서를 검색할 수 있는 배너가 나온다. 배너를 누르고 고객이 방문하고자 하는 매장을 선택하면 매장의 위치와 운영 시간 등 자세한 정보가 나온다. 도서 검색을 통해서 해당 매장에 재고가 몇 권 있는지도 실시간으로 확인할 수 있다. 이후에 매장에서 구입하고자 하는 책의 실제 판매 가격을 알고 싶으면 상단에 있는 스캔 프라이스Scan Prices를 사용하면 되고, 결제는 페이 위드 앱Pay with App을 통해서 쉽게 진행할 수 있다.

매장에 전면으로 진열된 도서에는 POPPoint Of Purchase 스타일로 작게 만들어진 안내 표지판이 함께 놓여 있다. 이것은 아마존북스를 대표하는 것으로, 아마존 고객들의 리뷰, 유명 인사들의 추천사, 주요 언론사의 서평 등이 4~6줄 정도 출처와 함께 적혀 있다. 하단에는 책의 제목과 저자명, 특정 시점을 기준으로 한 독자들의 별점과 리뷰 건수가 표시되어 있다. 5cm 정도로 그려져 있는 QR코드는 아마존 전용 앱으로 인식되고, 더욱 자세한 내용이 담긴 상세 모바일 페이지로 연결된다.

아마존북스는 자사의 각종 디지털 상품을 소비자들이 직접 체험할 수 있게 전시하고 상담하는 역할도 수행한다. 아마존은 2007년 전자책 킨들을 통해서 자체 전자 상품을 처음으로 출시했고, 아마존 파이어 태블릿, 파이어폰, 대시, 대시버튼, 에코 등 독서부터 스마트 스피커까지 전방위적으로 영역을 넓히고 있다. 그동안 애플과 삼성전자 등 경쟁사들이 오프라인 체험·판매 스토어를 운영하면서 소비자의 편의성을 높여왔는데, 온라인 채널만 가지고 있던 아마존 입장에서는 아마존북스 매장이 이를 상쇄할 수 있는 좋은 기회가 되고 있다. 실제로 매장 내에는 아마존 디지털 상품을 전담하는 직원이 있어서 상품 이용과 구입에 대한 자세한 이야기를 편하게 나눌 수 있다. 구입뿐만 아니라 교환 및 수리도 매장을 통해서 가능하다. 이처럼 아마존에 대한 높은 신뢰도가 오프라인으로 확장되고 있으며, 매장 수가 늘어날수록 아마존의 디지털 상품 판매량도 늘어날 것으로 예상된다.

둘째, 오프라인 고객의 행동과 구입 패턴을 실시간 데이터로 확보하라. 아마존은 데이터 비즈니스를 선도하는 기업이다.

2000년대 초반부터 준비했던 아마존 웹 서비스AWS 사업 부문은 이제 아마존 총이익의 절반 이상을 책임질 만큼 급성장했다. AWS는 초대용량의 데이터를 빠르고 안정적으로 관리할 수 있는 인프라를 제공하는 사업이다. 매시간 확보되는 상품과 고객에 관한 엄청난 양의 데이터는 아마존의 실시간 유통에도 활용되면서 향후 마케팅을 위한 전략적 데이터로서 분석·정리된다. 이 원리를 아마존북스에 대입하면 어떤 고객이 아마존북스에 언제 방문하고, 얼마나 머물렀고, 어떤 책을 검색 또는 구입했는지, 직원들과 어떤 상담을 했는지 등의 데이터가 각 매장에서 확보된다. 이것들은 20년 넘게 온라인으로만 확보할 수 있었던 데이터와는 여러모로 차이가 있다.

아직 공식적으로 아마존북스에 대한 각종 데이터 분석값을 공개한 적은 없지만 아마존은 지역, 연령, 소득, 직업, 성별 등 그들의 고객 분석 매트릭스에 분석값을 넣고 추천 알고리즘을 매번 고도화하고 있다. 매장별로 확보한 데이터는 아마존닷컴에서 종합되는 데이터와는 별도로 마케팅과 진열에 활용하는데, 지역에서 많이 판매된 도서, 태평양 연안 북서부에서 가장 많이 판매된 소설 등 특별 매대를 설치할 수 있는 아이템을 발견할 수 있다.

최근 세계적으로 출판 시장에서 가장 뜨겁게 논의되는 이슈는 큐레이션이다. 큐레이터 역량에 따라 큐레이션에 대한 독자의 만족도는 천차만별이다. 아마존북스의 기계적 큐레이션은 자체 알고리즘 분석에 따른 결괏값을 반영하기 때문에 신뢰도가 높은 편이다. 여기에 지역별 독자의 성향과 아마존 직원들의 인적 큐레이션 데이터가 더해진다면 경쟁 서점들과 확실한 차별화를 만들어낼 것이다.

한편 아마존북스의 데이터 마케팅은 도서 주문과 공급 및 결제 프로세스를 더욱더 최적화할 수 있다. 베스트셀러와 스테디셀러에 집중해서 판매하는 기존 오프라인 서점과 다르게, 실제로 온라인과 오프라인에서 발생한 검색, 리뷰, 별점과 구매 데이터를 바탕으로 도서를 진열했기 때문에 방문 고객의 구매 결정에 큰 도움을 준다. 또한 적정 재고를 계속 유지하면서 모바일 앱을 통해서 재고 정보를 제공하는 것도 고객이 헛걸음하지 않게 만드는 중요한 요소다. 아마존에서 잘 팔리는 책은 미국 전역의 언론과 SNS에서 자주 언급되고 출판사 매출에도 큰 영향을 미친다.

아마존의 큐레이션은 종이책 판매와 구입 데이터만 활용하지 않는다. 전자책 킨들 이용자의 패턴을 분석한 데이터도 진열에 반영하는데, 특정 책의 완독률을 체크하는 데 편리하다. 실제로 아마존은 아마존 차트라는 새로운 집계 방식을 선보인 바 있는데, 전자책과 오디오북 이용자의 구매 순위, 완독률, 청취율, 밑줄이 가장 많이 그어진 책 등 아마존 독자들의 취향이 담겨 있어 아마존북스의 도서 진열에도 적지 않은 영향을 미치고 있다.

셋째, 아마존 프라임 회원을 확보하기 위한 홍보 및 가입 채널

— 아마존 차트

로 활용하라. 2019년 1월에 발표된 아마존 주주 서한에 따르면, 아마존 프라임 회원 수가 출시된 지 13년 만에 전 세계 1억 명을 돌파했다고 한다. 아마존이 프라임 회원 수를 공개한 것은 이번이 처음이다.[3] 아마존 프라임은 119달러(USD)를 내면 1년간 무료 배송 혜택과 함께 음악, 영화, 책 등 콘텐츠를 즐길 수 있는 유료 멤버십 서비스다. 참고로 프라임 회원은 비회원보다 아마존에서 더 많은 쇼핑을 하는 것으로 나타났다. 시장 조사 기관 컨슈머 인텔리전스 리서치 파트너스CIRP에 따르면 프라임 회원의 연평균 쇼핑 액수가 1,300달러인데 반해, 비회원은 700달러에 그쳤다. 즉, 프라임 회원은 아마존의 쇼핑 매출을 견인하는 든든한 기반 고객층이자, 경쟁사들이 아마존과의 격차를 좁히지 못하는 원인으로 평가된다. 이러한 상황에서 아마존북스는 기존에 온라인으로만 할 수 있던 회원 가입을 오프라인에서도 가능하게 만드는 등 고객 대면 채널을 늘리는 데 집중하고 있다.

아마존북스는 프라임 회원의 결제 혜택을 강조한다. 미국 출판 시장에서는 도서정가제가 적용되지 않기 때문에 판매자가 마진을 조정해서 얼마든지 최종 판매 가격을 정할 수 있다. 아마존북스의 종이책 판매 가격의 경우, 프라임 회원은 아마존닷컴 사이트와 같지만, 비회원은 책에 표시된 정가List price로 사야 한다. 매장에서 판매하는 디지털 상품들도 같은 방식으로 판매 가격이 정해진다. 즉, 아마존 프라임 회원이 아니면 손해를 보는 듯한 기분을 느끼게 하는 것이다. 비회원이 즉석에서 프라임 회원 가입을 신청하는 경우가 많은 이유는 여기에 있다.

아마존북스의 확장과 전망

아마존북스는 각계각층의 다양한 회원이 마음 편하게 찾을 수 있는 지역 커뮤니티의 기능도 한다. 2011년에 대형 서점 체인인 보더스가 파산했고, 반스앤노블은 여전히 건재하지만 실적이 계속 하락하고 있다. 상대적으로 최근 독립 서점 수가 늘어나면서 미국 서점 시장에도 의미 있는 변화가 생기고 있다. 이러한 시장 상황에서 아마존북스는 특색 있는 진열을 선보이고, 접근성 높은 지역 거점에 매장을 열면서 지식 문화 공간으로서의 가치를 만들고 있다. 지역의 프라임 회원들은 혼자 또는 가

족과 함께 아마존북스에 방문해 책과 아마존 전자 기기를 이용하거나 구입한다. 그들은 아마존의 자발적 마케터이자 새로운 아마존북스 매장을 열게 하는 원동력이 된다.

오늘날 서점에는 온라인과 오프라인의 경계가 무너지면서 모바일 네트워크를 통해 옴니 채널Omni Channel로 유통 경로가 재편되고 있다. 온라인 채널만 보유한 사업자들은 오프라인 채널의 즉각적인 매장 수령이라는 가치와 치열하게 경쟁했다. 이를 위해 당일 배송과 오프라인 사업자와 제휴해 픽업 배송 서비스 등을 제공하면서 약점을 보완해왔다. 아마존은 충성도가 높은 프라임 회원과 예비 프라임 회원을 위해 오프라인에서만 가능한 사업을 찾았고, 아마존북스가 첫 번째 브랜드가 되었다. 2019년 10월 현재 아마존북스가 첫 매장의 문을 연 지 4년이 되어가고 있지만, 미국 출판계에 어떤 영향을 주고 있는지에 대한 정확한 분석 보고서는 아직 나와 있지 않다.

미국 출판 유통 시장에서는 종이책 판매의 성장과 전자책 판매 감소 현상, 오디오북 시장의 급성장세가 주요 이슈다. 무엇보다 독립 서점들의 약진도 서점업계에서는 중요한 현상이다. 세계 최대 출판 시장 규모를 자랑하는 미국 시장의 판도 변화는 여러 출판 강국들에 적지 않은 영향을 미친다. 아마존북스는 해를 거듭할수록 서점계의 지형을 바꾸어나갈 것이다. 물리적인 규모는 기존의 대형 서점보다 작은 편이지만, 고객을 통해 확보한 데이터와 안정적인 주문 이행 센터Fulfillment By Amazon 등으로 혁신적인 서점 모형을 확산해나갈 것이다.

2018년 미래형 마트로 불리는 아마존 고Amazon Go의 정식 오픈⁴과 대형 유기농 체인 홀푸드마켓Whole Foods Market 인수 등 아마존의 오프라인 채널 확장은 더욱 강력해질 것이다. 향후 아마존북스가 오프라인 서점계의 거대한 공룡이 될 가능성이 높지만, 출판 생태계에 어떤 영향을 미치는지에 대한 결론을 내리려면 시간이 더 필요하다. 반스앤노블의 개선이 기대되고, 독립 서점들도 확대되는 추세이기 때문에 이러한 여러 변수를 함께 살펴봐야 한다.

결국, 시장에서 중요한 것은 출판 산업이 위기에 직면한 현재 상황에서 지금보다 더 많은 사람이 책을 발견하고, 구입해서 읽고, 모여서 이야기 나눌 수 있는 공간을 만드는 일이다. 앞으로 아마존이 서점 사업 독점에 주력하지 않고, 온·오프라인을 넘나들며 저자, 출판사, 지역 서점과 함께 그 역할을 잘해주길 기대해본다.

---

1 이 글은 필자가 한국출판문화산업진흥원의 〈해외출판동향〉 No.9(2018.05)에 기고한 「미국 아마존 북스를 말하다」를 수정·보완하여 재수록한 것이다.

2 컴퓨터월드, 「This is why Amazon will open physical bookstores」(https://www. computerworld.com/article/3030321/this-is-why-amazon-will-open-physical-bookstores.html)

3 조선일보, 「'아마존 프라임' 회원 1억명 돌파… 세계인구의 1.3%」(http://news.chosun.

com/site/data/html_dir/2018/04/19/2018041901153.html)

4 블로터, 「계산대 없는 미래형 매장, '아마존 고' 정식 오픈」(https://news.naver.com/main/read.nhn?mode=LSD&mid=sec&sid1=105&oid=293&aid=0000021430)

미국 서점의
큐레이션을 말하다

서점에서 큐레이션의 역할

정보 과잉의 시대에 의미 있고 가치 있는 정보를 획득하고 공유하는 일이 중요해지면서 온라인에서의 큐레이션이 주목받고 있다. 큐레이션이란 단순히 자동으로 정보를 걸러내는 것이 아니라, 수동으로 가치 있는 콘텐츠를 찾아 분석하고 배포하는 일이다. 수많은 콘텐츠 중 의미 있는 것을 발굴하고 가공해 공유하는 큐레이터의 역할도 중요하다. 『큐레이션』의 저자인 스티븐 로젠바움도 "큐레이션은 인간이 수집, 구성하는 대상에 인간의 질적인 판단을 추가해서 가치를 높이는 활동이다"라고 정의하면서 인간(큐레이터)의 중요성을 주장했다.

그렇다면 서점의 큐레이션은 어떤 방식으로 진행될까? 기본적으로 오프라인과 온라인 채널로 구분해야 한다. 미국의 경우, 아마존의 위세가 대단하지만 독자의 절반 이상은 오프라인 서점을 통해서 책을 구입한다. 오프라인 서점의 큐레이션은 데이터를 기반으로 하는 온라인 큐레이션과는 그 과정과 결과에서 많은 차이가 있다.

　오프라인 서점은 평대를 구성하는 담당 직원들의 역량에 기반을 둔 독자와의 면대면 큐레이션이 가능하기 때문에 친밀도가 더 높다. 진열 매대도 입체적으로 구성해 책의 발견성을 높일 수 있어서 충동 구매율도 높은 편이다. 상대적으로 온라인 서점은 독자의 관심사와 구매 패턴을 분석해서 좋아할 만한 책을 웹이나 모바일을 통해 보여준다. 데이터에 입각한 맞춤형 서비스가 가능하다는 점에서 독자를 향한 정밀한 큐레이션이 핵심 목표다.

　한편 SNS와 소셜 미디어의 급속한 성장에 따라 이를 활용한 독서 커뮤니티인 소셜 리딩Social reading도 활발하게 운영되고 있다. 소셜 리딩 서비스의 기본적인 운영 구조는 이용자들의 성향을 분석해서 출판사의 책을 광고하거나, 운영자들이 이용자와 커뮤니티에 적합한 책을 큐레이팅해서 제공한다. 아직 전문 서점에 비해 큐레이션 수준은 낮지만 만족도는 높은 편이다. 이용자의 데이터가 축적되고, 빅데이터 처리 기술과 전문가들의 큐레이션이 접목되고 있어서 만족도는 더욱 높아질 것이다.

　그러면 미국에 있는 오프라인과 온라인 서점의 큐레이션 사례를 살펴보자. 우선, 오프라인 서점을 대표하는 반스앤노블은 오랫동안 내부 직원들의 전문성을 활용한 도서 추천이 꾸준히 이루어지고 있다. 기본적으로 도서 분야별로 신간·베스트·

MD Merchandiser 추천 코너를 운영한다. 독자에게 추천하거나 큐레이션을 제공할 때는 분야별 추천이 주된 방법으로 활용된다.

대형 서점 체인의 경우에는 판매가 중심이 되는 단방향의 매대 구성, 언론을 통한 광고, 각종 베스트셀러 목록 등이 큐레이션의 기본으로 인식되고 있다. 그리고 규격화된 추천과 큐레이션을 추진하는데 이는 매장의 통일성을 위한 전략이다.

반스앤노블은 라이프 스타일 콘셉트 스토어를 열었는데, 일본 쓰타야 서점과 유사한 형태로 책과 다른 상품을 함께 진열하거나, 식음료 코너를 고급화했다. 오직 책만을 위한 백화점을 지향했던 반스앤노블이 고객의 취향을 저격하기 위한 맞춤형 추천으로 변화를 꾀한 것이다. 이처럼 책을 중심으로 인접 상품군과 연결된 복합 편집형 큐레이션이 오프라인 대형 서점의 세계적인 추세가 되고 있다.

2016년 12월 초에는 미국 뉴욕의 이스트체스터 매장을 열면서 '키친 매장'이라는 새로운 콘셉트를 제시했다. 식사가 가능한 레스토랑과 맥주와 와인을 판매하는 바 Bar를 구성한 것이다.[1] 지역 독자에게 밀착된 로컬 인터레스트 local interests라는 책 추천 코너도 큐레이션 형태로 구성했다. 또한 매장 내에서 구연동화를 들려주는 스토리타임을 진행하는데, 어린이와 부모를 위한 시간이다. 이처럼 경영 위기에 처한 반스앤노블은 큐레이션을 통해 복합 문화 공간으로 변화를 꾀하고 있다.

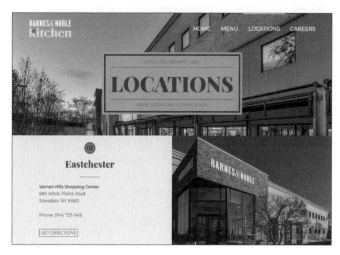

— 반스앤노블 키친 매장 소개

미국 독립 서점의 큐레이션 방향

오프라인 서점 큐레이션의 전형적인 사례는 독립 서점 운영에서도 쉽게 찾을 수 있는데, 대형 서점의 분야별 추천 방식에서 벗어나 창업자의 성향에 맞춰 전문화했다. 오프라인 독립 서점은 지역 독자들의 생활 양식 변화에 주목한다. 그들은 책을 통해 단골 독자들과 친밀하게 소통한다. 서점 운영자들은 기본적으로 책에 대한 해박한 지식과 도서 추천 역량을 갖추고 있는데, 이것은 전문 분야 도서에 대한 큐레이션 완성도를 높이는 데 큰 역할을 한다. 대표적인 예로 아이들와일드 서점Idlewild Bookstore은 여행서, 미스터리어스 서점Mysterious Bookshop은 미스터리, 맥널리잭슨McNally Jackson은 문학, 리졸리 서점Rizzoli

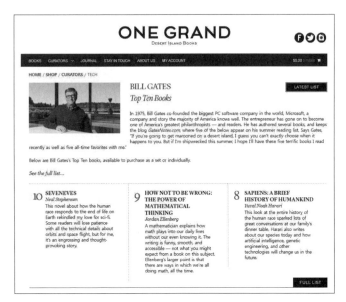

ONE GRAND
DESERT ISLAND BOOKS

— 원그랜드북스 큐레이션 화면. 빌 게이츠의 사례

BookStore은 예술과 건축 분야의 책으로 유명하다.

눈여겨볼 만한 곳으로 원그랜드북스One Grand books도 있다. 주요 직업군을 구분해서 인기 있는 책을 큐레이팅하는데, 큐레이터 카테고리에는 배우, 작가, 미술가, 요리사, 디자이너, 방송인, 정치인 등 각계 전문가들이 속해 있다. 그들이 직접 추천하는 10종의 책들은 간략한 추천의 글과 함께 오프라인과 온라인에 동시에 진열된다. 동종 업계 사람이나 그 분야에 진출을 원하는 사람에게 유용해 인기가 많은 편이다. 외부 전문가들과의 협력이 돋보이는 큐레이션 모델이다.

중고 책 전문 서점으로 유명한 스트랜드 서점Strand bookstore은 추천과 큐레이션 서비스를 강화하기 위해 독특한 방식으로 직원을 채용한다. 즐겨 읽은 분야, 주요 책과 저자에 대한 역사와 사회적 배경 등을 주제로 퀴즈 형식으로 채용 면접을 진행한다. 직원들이 수시로 책을 읽고 지역 독자들 취향에 맞는 큐레이션을 할 수 있도록 기본적인 소양을 중시한다. 그만큼 독자와 직접 만나고 상담하는 서점 직원의 역량은 큐레이션 수준을 좌우한다.

미국서점협회에서 운영하는 인디바운드IndieBound는 지역의 독립 서점 회원들을 위해 신뢰할 수 있는 베스트셀러 목록을 발표한다. 독립 서점을 위한 일정 수준의 큐레이션 데이터를 제공하는 것이다. 몇몇 독립 서점은 전국과 지역별 베스트셀러를 비교해서 별도의 큐레이션 도서 코너를 구성한다.

온라인 서점의 큐레이션

한편 미국 출판 시장에서 온라인 채널의 점유율은 매년 상승하고 있다. 그중 미국의 신간 유통에서 40% 정도의 점유율을 보이는 아마존의 시장 지배력은 압도적이다. 반스앤노블, 월마트 등 대형 유통사들도 온라인 채널이 있지만, 출판 유통은 아마존과 대적하기 힘든 상황이다. 이미 대부분의 대형 온라인 쇼핑몰은 자동화된 큐레이션 시스템을 운영하고 있다. 아마존도 특정 책을 클릭했을 때 해당 책을 구매한 독자들이 선택한 다른 책을 추천해주는 시스템을 갖추고 있다. 1990년대에 아마존이 도입한 북매치Bookmatch는 고객들의 웹페이지 방문 시점과 체류 시간, 구입 도서에 대한 평가를 근거로 취향에 맞는 분야와 유형을 판단한다. 이를 기준으로 고객들이 아마존을 방문할 때 좋아할 만한 책을 추천하는 방식을 채택했다. 기술의 발전과 투자는 일반적인 추천에서 데이터 기반의 큐레이션으로 진화하게 했다. 고객은 북매치를 통해 자신이 좋아하는 책을 쉽게 선택하고 구입할 수 있었다. 이러한 추천 시스템 덕분에 아마존 매출은 30% 이상 성장했다. 아마존이 추천 알고리즘을 지속적으로 발전시킬 수 있었던 이유는 창업자인 제프 베조스가 데이터를 매우 중요하게 여겼기 때문이다. 다양한 종류의 데이터를 바탕으로 사람들의 성향을 정확히 예측할 수 있다는 점에서 큐레이션은 아마존의 핵심 경쟁력이다.

온라인 서점의 큐레이션은 방대한 데이터를 확보하고, 추천 알고리즘을 통해 적중률을 높이는 것이 핵심이다. 자사의 웹사이트에서 생산되는 데이터만으로는 깊이 있는 추천과 큐레이션에 한계가 있다. 이에 아마존은 소셜 리딩 사이트로 유명한 굿리즈를 통해 독서 애호가들이 등록하는 서평과 별점 평가 등을 기반으로 세분된 데이터를 함께 확보한다.

모바일 네트워크의 폭발적인 성장으로 인해 소셜 큐레이션에 대한 관심도 높아졌다. 따라서 자연스럽게 페이스북, 트위터, 인스타그램, 핀터레스트 등 SNS와 연계해서 큐레이션의 질적 수준을 높이고 있다. 온라인 특성상 큐레이션의 가치는 결국 양질의 데이터를 어떻게 수집하고 가공하느냐에 달렸다.

세계 출판 시장의 판도를 좌우하는 미국 서점의 큐레이션 모델은 직원과 전문가 추천 방식에서 소셜 큐레이션으로 이동하고 있다. 작가와 출판사, 도서관 등 출판 생태계의 참여자들도 적극적으로 관련 활동을 추진하고 있다. 그러나 서점이 모든 독자의 취향을 이해하고 책을 추천하기란 현실적으로 불가능하다. 서점 큐레이션의 궁극적인 목적은 지식 정보의 홍수에서 책을 발견하는 독자의 수고를 덜어주고, 책과 책 또는 책과 다른 상품의 의미 있는 연결을 만들어가는 것이다. 디지털 미디어와 콘텐츠 시장이 성장함에 따라 대중이 책을 선택하고 사용하는 시간은 점점 줄어들고 있다. 이러한 시대에 큐레이션은 출판 유통 시장에서 독자의 마음을 관통하는 최적의 답안지가 될 것이다.

---

1 퍼블리셔스위클리, 「B&N Concept Store Opens In Eastchester」(https://www.publishersweekly.com/pw/by-topic/industry-news/bookselling/article/72099-b-n-concept-store-opens-in-eastchester.html?fbclid=IwAR02RHrkfMivC6RLgfNwuWgxvIJZ8jWufgh5b92ePRp3_CyvgdN4VCVv9pM)

리테일테인먼트와
독자 취향 저격의 시대

오프라인 서점의 위기와 변화

2000년대에 접어들면서 온라인과 디지털 산업의 급속한 성장에 따라 전통적인 오프라인 서점은 위기에 직면했다. 그리고 상대적으로 온라인 서점은 가격 할인과 무료 배송 등을 앞세워 시장 점유율을 높여왔다. 그러나 계속되는 출판 산업의 저성장 구조와 미디어 콘텐츠의 다변화는 독서 인구의 감소로 이어졌고, 이에 따라 서점에도 강력한 변화가 요구되고 있다. 무엇보다 2010년대에 본격화된 스마트 기기의 보급은 생활 양식의 변화를 주도하고 있다. 이는 출판 유통 생태계를 뒤흔들며 물리적인 형태와 공간의 구성에도 큰 영향을 미치고 있다. 출판 콘텐츠의 형태는 종이책에서 전자책과 웹 콘텐츠로, 오프라인과 온라인의 공간적 대립은 옴니 채널로 연결되고 있다.

서점의 위상이 약해졌다는 이야기가 많이 들리지만 서점의 부활을 말하는 현장의 목소리도 높다. 전통적인 오프라인 서점은 독자의 생활 양식에 맞는 밀착형 서점으로 진화하고 있다. 특히, 일본의 쓰타야 서점의 성공이 국내에 전해지면서 오프라인 대형 서점은 한국형 쓰타야를 표방하는 분위기다.

서점은 더 이상 책만 판매하는 곳이 아니다. 책의 발견 가능성을 높이기 위한 참신한 진열과 각종 이벤트 등 새로운 아이디어가 서점의 혁명을 주도한다. 서점은 지적인 감성으로 문화생활을 즐길 수 있는 리테일테인먼트Retailtainment 비즈니스로 진화하고 있으며, 위기를 기회로 만들기 위한 서점의 혁명은 본격적으로 시작됐다.

오프라인의 특성상 서점으로 끌어들일 수 있는 고객 수는 매출과 직결되기 때문에 독자를 위한 매력적인 공간 구성이 항상 요구된다. 분류법 기준의 도서 추천과 베스트셀러와 스테디셀러 중심의 진열은 점점 독자에게 외면받고 있다. 수많은 정보를 실시간으로 검색하고 공유할 수 있는 현대 사회에서 무차별적인 매스mass 마케팅은 성공률이 낮다. 서점에 오는 독자들에게 선택의 고민을 줄여줘야 한다. 그리고 그만큼 여유로운 시간을 갖게 한다면 그들은 서점에 좀 더 오래 머무를 것이다.

그러면 독자의 생활 양식을 오프라인 대형 서점의 메인 콘셉트로 자리 잡게 한 쓰타야의 다이칸야마 T사이트Daikanyama T-Site를 살펴보자. 이곳은 2011년 12월에 문을 열었으며 수많은 잡지가 진열된 '매거진 스트리트'를 중심으로 요리·여행·디자인 등을 취급하는 전문 코너가 마련되어 있다. 편안함을 연출하는 카페와 중후한 멋이 느껴지는 라운지가 책을 즐길 수 있는 분위기를 조성한다. 쓰타야는 책과 다른 상품을 함께 진열함으로써 연령대와 취향에 맞는 이상적인 생활 양식을 제안한다. 이처럼 쓰타야 서점은 연령대와 트렌드를 기반으로 독자들의 삶을 반영해 재탄생했다.

그렇다면 국내 오프라인 대형 서점은 어떤 모습으로 변하고 있을까? 대표적으로 교보문고는 2015년 11월 광화문점 리모델링을 통해 '없는 책이 없는 서점'에서 '독자가 편안하게 책을 읽을 수 있는 서점'으로 과감하게 콘셉트를 전환했다. 방문하고 싶고 머무르고 싶은 서점을 만들기 위해 매장 통로를 넓히고 책의 전면 진열을 늘렸다. 이를 통해 독자들은 보다 쉽게 책을 발견할 수 있게 되었다. 또한 매장에 5만 년 된 대형 카우리 소나무 테이블을 설치해서 100명이 동시에 독서할 수 있게 구성했다.[1] 이렇듯 교보문고는 책만 구입하는 일차원적인 서점에서 지식과 감성을 충전할 수 있는 다차원적인 서점으로 변화를 시도하고 있다.

그리고 책을 진열하는 공간이 줄어들면서 발생하는 출판사와 독자의 우려는 바로드림센터를 통해 해소했다. 바로드림 서비스는 교보문고의 대표적인 온·오프라인 결합형 옴니 채널 모델이다. 온라인 서점의 할인율을 적용받으면서 빠르게 오프라인 매장에서 직접 수령할 수 있는 강점을 결합했다. 교보문고의 서점 모형 변화는 고객이 매장에 더 적극적으로 찾아오고, 더 오래

— 교보문고 광화문점 카우리 테이블(http://news.kyobobook.co.kr/movie/sketchView.ink?sntn_id=11314)

머무르게 하는 것이 핵심 목적이다.

책을 읽는 즐거움 이외에도 작가와 소통하거나 배움을 얻을 수 있는 강연과 시각 예술 콘텐츠를 무료로 관람할 수 있는 교보 아트 스페이스, 엄마와 아이가 함께하는 공간인 키즈 가든과 키위 맘 등 문화 체험 공간이 더해지면서 전체적인 시너지 효과도 높아지고 있다.[2] 이처럼 교보문고는 책이 함께하는 생활 양식을 기획하고 독자에게 제안하는 일에 주력한다. 과거에는 매장과 진열대의 위치에 따라 판매량 차이가 컸다. 그러나 지금은 생활 양식을 제안하는 진열 방식이 더 많은 고객을 불러들이고 수익에도 긍정적인 영향을 미친다.

독자 취향에 맞춘 서점의 등장

온라인 서점이 성장하면서 지역의 동네 서점은 급속히 쇠락했다. 이에 변화가 필요했던 동네 서점은 보다 독자 친화적인 공간으로 탈바꿈하고 있다. 오프라인 대형 서점의 물량 공세와 온라인 서점의 배송 시스템과 경쟁하기에는 어려움이 많기 때문에 개성 있는 공간 구성을 경쟁력으로 삼아 새로운 감각으로 독자들과 소통하고 있다. 매장 규모보다는 전문화된 분야, 특징 있는 상품을 선호하는 독자 취향을 저격하는 진열에 신경을 써 차별화 전략을 펼치고 있다.

이렇게 반전을 노리는 동네 서점의 변화는 2011년에 문을 연 땡스북스가 시작점으로 평가된다. 이곳은 젊은이와 문화 예술인 들이 밀집한 서울 홍대입구라는 지역적 특성에 맞춰 주로 디자인 관련 서적을 판매한다. 2014년에 서울 상암동에 오픈한 북바이북은 '책맥책+맥주' 문화를 유행시켰고, 북 콘서트와 감성적인 교육 프로그램을 통해 독자와 저자의 연결성을 강화하고 있다. 한편 일반 서점에서는 찾기 어려운 독립 출판물만 판매하는 유어마인드는 독립 예술인들이 직접 제작한 출판물과 문구류, 음반 등을 판매하는 '언리미티드 에디션' 축제도 연다.

이외에도 제일기획 부사장 출신 광고인 최인아가 서울 강남에 문을 연 최인아책방은 지인들의 큐레이션과 특색 있는 강좌 프로그램으로 인기가 높다. 시인 유희경은 시 전문 서점인 위트앤시니컬, 카피라이터 출신 유수영은 추리 소설 전문 서점인 미

— 최인아책방 북클럽 페이지

스터리유니온, 가수 요조는 서울 북촌에서 책방무사, 아나운서 출신 김소영은 서울 당인리·위례·광교에서 책발전소를 운영한다. 이들은 기존 서점업계와는 거리가 있는 외부인의 시선에서 책과 독자의 차별화된 연결고리를 만들고 있다.

일대일 상담 후 고객에게 필요한 책을 처방book pharmacy해주는 서점인 사적인서점, 요리 전문 서점인 북스쿡스, 향기를 파는 서점인 프레센트14, 경춘선 철길공원에 있는 서점 51페이지, 해방촌에 문을 연 독립 출판물 전문 서점 스토리지북앤필름과 문학 전문 서점 고요서사, 예술 전문 서점 비플랫폼 등 신선한 감각으로 독자의 취향을 저격하는 특색 있는 동네 서점도 독자들에게 인기가 높다.

서울을 벗어난 지역의 특색 있는 동네 서점도 독자들의 관심을 얻고 있다. 청소년 전문 서점으로 유명한 부산의 인디고서원은 지역 청소년들에게 인문학을 교육하면서 학술지를 발간한다. 충북 괴산에 있는 숲속작은책방은 책과 함께하는 북스테이를 운영하면서 자연 친화적인 면모를 유지하고 있다. 경남 통영에 자리한 출판사 남해의봄날이 운영하는 봄날의책방은 지역의 아름다운 문화와 조화를 잘 이루고 있다. 강원도 속초에서 1956년에 개업한 이후 3대째 이어지고 있는 동아서점은 특색 있는 책 추천과 진열로 인기가 높다.

이러한 동네 서점의 성공 전략은 지역적 특성에 맞는 차별화된 아이템을 발굴하고, 단골 독자들과 친밀한 커뮤니티를 유지하면서 매장을 구성한다는 점에 있다. 전체적인 서점업과 균형을 맞추면서 지역의 지식 문화를 유지·발전시키는 데 큰 역할을 하는 동네 서점과 출판 생태계의 활력·상생을 위한 정책적 지원과 협력이 더욱 늘어나야 할 것이다.

온라인 서점의 오프라인 진출

한편 국내에서도 온라인 서점의 오프라인 진출이 활발하게 진행되고 있다. 2011년부터 중고 서점 사업을 선도해온 알라딘은 2019년 기준으로 전국에 40곳이 넘는 지점을 운영하고 있으며, 중고 책 이외에도 음료와 굿즈goods를 판매하는 등 북 카페 형태로 기능을 확장하고 있다. 인터파크는 카오스재단을 통해 공익을 목적으로 한 북 파크를 서울 용산에 있는 블루 스퀘어에 오픈했다. 과학 도서가 중심이지만, 어린이 도서와 디자인·예술 서적 등으로 분야를 확대했다. 복합 문화 공간 운영을 통한 수익금 전액은 과학 대중화를 위해 기부한다. 예스24는 2016년 강남에 중고 서점을 오픈하면서 오프라인에 진출했으며, 부산비엔날레 전시장으로 활용된 F1963(옛. 고려제강 부산공장)에서 약 20만 권을 진열할 수 있는 대형 중고 서점을 운영하고 있다.

그런데 한편으로는 이러한 기업형 중고 서점의 확장에 대한 논란도 이어지고 있다. 소비자는 새 책 같은 중고 책을 저렴하고 편리하게 구입할 수 있다고 반기지만, 문화를 경제 논리로만 접근하는 것은 위험하다. 기업형 중고 서점의 무분별한 확장은 신간 시장을 위축시키고 다양한 새 책이 출간돼 출판 산업이 살아날 길을 막는다[3]는 주장도 있다. 하지만 국내 현행법상으로 기업형 중고 서점은 중고 상품 업종으로 등록되어 사업 확장에 제한은 없다. 업계 전문가들은 중고 책 유통 과정에서 발생하는 수익의 일부는 저자와 출판사에게 배분되어야 한다고 주장한다. 논란이 계속되는 만큼 출판계의 중론이 어떻게 모이고, 시장에 적용될지 주목해볼 문제다.

산업이 발전하면서 분야와 채널의 경계가 사라지고 있으며, 출판과 서점업계도 예외는 아니다. 오프라인 매장은 규모와 위치에 따라 고객 유치와 만족도 향상을 위해 진열 방식을 최적화하고, 책과 관련된 부가 서비스를 제공한다. 온라인 서점은 데이터 기반의 맞춤형 추천과 오프라인과 연계한 진출을 강화하고 있다.

독자가 중심이 되는 서점 혁명은 공간의 재배치를 통한 하드웨어적인 변화만으로는 부족하다. 독자들의 다양한 취향과 책에 대한 면밀한 분석을 통한 큐레이션, 저자와 독자의 친밀도를 높일 수 있는 커뮤니티 등 소프트웨어의 발전이 병행되어야 한다. 서점은 저자와 출판사, 독자를 더욱 자유롭고 가깝게 만들고, 그 관계를 유지하는 강력한 지식 문화 플랫폼이 되어야 한다.

이제 서점을 비롯한 독서 공간은 온·오프라인을 넘나든다. 다양한 북클럽이 활발하게 운영되고, 소셜 네트워크를 통해 시공간을 넘나드는 활동이 일어나고 있다. 무엇을 어떻게 읽을 것인가를 고민하고, 편안한 지식 문화 공간을 원하는 독자를 위해 오늘날의 서점은 치열한 고민과 실험을 통한 도전을 계속하고 있다.

1 연합뉴스, 「5만년 된 카우리 소나무로 만든 독서 테이블」(https://news.naver.com/main/read.nhn?mode=LSD&mid=sec&sid1=101&oid=001&aid=0007991841)

2 동아비즈니스리뷰, 「'5만살 나무' 대형 테이블이 한가운데 떡~ 대형 서점, 책 읽고 머무는 플랫폼이 되다」(https://dbr.donga.com/article/view/1901/article_no/7471)

3 한국일보, 「창작 새싹 밟는 기업형 중고 서점, 이대로 좋은가」(https://www.hankookilbo.com/News/Read/201901241409046919)

미국 독립 서점의
부활과 확장

미국 독립 서점의 현황

독립 서점은 규모와 운영 인력이 중소형으로 소유 구조가 개인 또는 단체이며, 거대 상업 자본에서 독립된 서점을 의미한다. 이와 대비되는 대형 서점 체인은 대부분 주식회사 법인의 형태로 대규모의 투자 자본가 또는 기업이 소유한다. 미국에서는 1980년대부터 반스앤노블과 보더스 같은 대형 서점 체인이 본격적으로 확산되기 시작했다. 이들은 미국 전역의 대형 쇼핑몰에 입점했고, 30%씩 할인 판매를 단행했다. 그리고 그 영향으로 많은 중소형 서점이 문을 닫았다.

1990년대가 되면서 반스앤노블과 아마존이 온라인 서점에 진출했는데, 1995년에 문을 연 아마존이 급성장하면서 5년 후 미국 내 독립 서점의 수는 43%나 줄어들었다. 2007년에는 아마존이 전자책 킨들을 출시하면서 종이책 판매에 집중된 대형 서점 체인도 심각한 위기를 맞이했다. 게다가 온라인 서점과 전자책의 급성장 등으로 촉발된 경영 실패로 인해 2011년에 보더스가 파산하면서 미국 서점업계는 충격에 빠졌다.

2010년대에는 스마트폰과 태블릿 PC 등 모바일 환경에서 쉽게 활용할 수 있는 스마트 기기가 일상화되었다. 이로 인해 출판 생태계의 전통적인 모습과 채널의 경계가 무너지면서 출판 유통을 대표하는 서점의 위상도 변하기 시작했다. 이에 반스앤노블은 누크nook를 통해 전자책 사업을 시작했지만 연이은 실패로 심각한 위기에 직면했다. 반면 온라인과 전자책 판매에서 압도적인 경쟁력을 갖춘 아마존은 2015년부터 오프라인에 진출하면서 출판 유통 시장의 지배력을 강화했다.

한편으로는 대규모 자본과 인력, 유통 역량으로 성장과 경쟁을 거듭하던 대형 서점 브랜드 사이에서 독립 서점의 반격이 시작됐다. 미국서점협회의 발표에 따르면, 2009년부터 2015년 사이에 미국 전역의 독립 서점 수는 1,651개에서 2,227개로 35% 정도 증가했다.[1] 2017년 독립 서점 전체의 도서 판매량은 전년 대비 2.6% 증가했으며, 지난 5년간 연평균 5.4%의 성장률을 기록했다.[2] 온라인 서점이 본격화되었던 1990년대 중후반에 독립 서점 수가 줄어든 것과 비교하면 상당한 반전이 일어난 것이다.

우선, 미국 독립 서점의 부활은 사회 문화적 관점에서 들여다볼 필요가 있는데, 중앙과 온라인에 집중된 소비문화 구조를 탈피하기 위해 만든 바이 로컬Buy local 운동을 시작으로 촉발되었

— 미국 독립 서점 커뮤니티

다. 바이 로컬 운동은 2000년대 중반부터 전국의 많은 도시에서 독립 서점 대표들이 자신의 경제적 이익과 사회적 가치를 결합해 주도한 운동이었다. 이후 주변의 다른 독립적인 가게 주인들에게 분위기가 확산되면서 지역적 공동체 가치가 유지되었고, 그들과 연합할 수 있었다. 그리고 주민들에게 독립 서점은 이해관계가 맞는 사람들과 만나는 장소이자 지역 커뮤니티의 거점이 되었다.

기술의 재출현이 혁신을 불러올 수 있다는 연구로 잘 알려진 하버드대 경영대학원의 라이언 라파엘리Ryan Raffaelli 교수는 미국 독립 서점이 부활할 수 있었던 비결을 3C라는 키워드로 정리했다.[3] 서점을 사람들이 모이는 공간으로 만들고Convening, 기계적인 시스템이 아닌 사람이 직접 책을 추천하고Curation, 지역

주민들의 사랑방으로 만들었기Community 때문에 독립 서점이 부활했다고 주장했다. 서점업계에서 기술의 혁신을 주도하는 아마존이 도저히 할 수 없었던 부분을 독립 서점이 채워간 것이다. 아마존이 빠르고 편리함을 강조한다면 독립 서점은 느리되 사람들과의 꾸준한 접촉을 만들고 있다.

미국 독립 서점의 성공 요인

그러면, 3C에 대한 간략한 분석과 주요 사례를 살펴보자.

컨비닝Convening : 지역의 소규모 독립 서점은 그곳만의 독특한 감성을 느낄 수 있다는 장점이 있다. 대부분의 독립 서점은 독자가 좋아하거나 관심을 가질 만한 주제이거나 저자와 직접 소통할 수 있는 프로그램을 빠르고 다양하게 만들어낸다.

또한 오프라인 단골 고객 리스트를 활용하고, 소셜 네트워크를 통해서 큰 비용을 들이지 않고 저자와 출판사, 독자를 연결하는 중요한 역할을 한다. 독립 서점은 이제 '얼마나 책을 많이 팔았느냐'가 아니라, '독자가 얼마나 좋은 시간을 보냈느냐'를 더 중요하게 생각한다. 따라서 다양한 작가가 참여할 수 있는 각종 출판 행사, 저자와의 만남, 어린이 생일 파티, 청소년 도서 출판 지원, 다양한 독서 모임 등을 주관한다. 몇몇 독립 서점은 연간

500개 이상의 행사를 주최할 정도로 지역의 출판 문화 향상을 위해 많은 노력을 하고 있다.

2004년 뉴욕 맨해튼 소호에 독립 서점 맥널리잭슨을 오픈한 사라 맥널리는 대형 서점에서 취급하지 않는 다국적 작가들이 펴낸 책을 판매한다. 거의 매일 독서 토론회와 해외 작가와의 만남 등 다양한 이벤트가 열리며, 매장에 있는 에스프레소 북 머신Espresso Book Machine을 통해 지역 사람들이 편리하게 책을 제작할 수 있는 POD Publish On Demand 서비스도 제공한다. 또 뉴욕 브루클린에 있는 북코트Book court 서점은 주말 저녁 시간에 가족 단위로 찾아올 수 있도록 무료로 영화를 상영하거나 음악 행사를 열고 있다. 정치·사회 분야의 토론회, 시 낭송, 어린이 북클럽 등 거의 매일 문화 행사를 마련하고 있다.

덴버에 있는 북바book bar 서점은 책과 함께 와인과 맥주를 마실 수 있게 판매하는데, 지역 주민들이 술 한잔하면서 책도 읽고, 주변 사람들과 대화도 나눌 수 있게 만들었다. 펜실베이니아 미드타운에 있는 스콜라 서점Midtown scholar bookstore은 매달 작가와 저널리스트를 초청해서 글쓰기 관련 강의를 연다. 특히 이곳에서 운영하는 기타리스트나 인디밴드의 음악회, 장르별 북클럽은 지역에서 멀리 떨어진 곳에 사는 독자들도 많이 찾아올 만큼 인기가 높다.

큐레이션Curation : 독립 서점은 고객에게 좀 더 개인적이고 전문적인 서비스를 제공할 수 있는 도서 진열과 재고 관리에 집중하기 시작했다. 베스트셀러만 추천하는 것이 아니라, 서점 직원들이 선별한 신인 작가와 예상치 못한 제목을 발견할 수 있게 진열해서 독자와의 친밀도를 높이는 사례가 늘어나고 있다. 출판사와 서점의 일방적인 광고에 의존하지 않고 지역의 특성, 서점 주인과 직원의 전문성을 활용한 도서 큐레이션은 기계적인 추천에 비해 책과 만나는 감성을 더욱 자극한다.

미국 독립 서점의 부활을 주도하는 곳은 뉴욕으로, 맨해튼과 브루클린에는 100개 이상의 독립 서점이 있다. 독특한 구성과 진열 방식을 탄생시킨 그들의 큐레이션 역량은 세계 여러 서점에서 벤치마킹할 만큼 매력적이다.

보니 슬로닉 쿡북스Bonnie slotnick cookbooks는 요리책을 전문적으로 다루고 있다. 국가별 전통 요리, 인종별·종교별 음식의 특징, 다양한 컬러의 식재료, 음식으로 치유하는 방법, 디저트의 역사, 연령대에 맞는 간식, 주방 인테리어 소품 등 요리와 관계된 특별한 주제의 책을 중심으로 만든 서점이다.

스트랜드 서점은 직원을 채용할 때 저자 이름 맞추기 등 주관식 퀴즈를 풀어야 하는데, 이 절차를 거쳐 창고 직원도 빠짐없이 책 전문가로 채용한다. 200여 명의 직원이 책을 잘 알기 때문에 POP 광고물을 통해 코너별로 직원이 직접 실명으로 책을 추천하고 있다.

미스터리어스 서점은 스릴러와 미스터리 소설을 전문적으로

— 미국 스트랜드 서점 외부(https://www.facebook.com/strandbookstore)

다루고 있다. 서점 직원들이 모두 해당 분야의 마니아라서 이곳을 방문하는 독자와 소통하면서 성향을 파악하고 책을 추천해 준다. 전문가들이 직접 읽어보고 맞춤형 큐레이션을 진행하기 때문에 독자들의 도서 구입률과 방문율이 높은 편이다.

아이들와일드 서점은 주인이 여행 전문가로 여행 서적을 주로 취급하는데, 주머니 크기의 여행 가이드북부터 여행지의 역사서, 주인이 여행하면서 모은 희귀한 도서와 소품이 진열되어 있다.

로스앤젤레스에 있는 더 라스트 북스토어The last bookstore는 대형 금고를 활용해 도서 코너를 구성하고, 책으로 동굴 모양의 터널을 만들어서 포토존으로 활용하고 있다. 아마존에서는 찾아볼 수 없는 절판된 책이나 희귀한 책을 진열하고, 저자의 초판사인본만 따로 모아 장식장에 진열하는 등 책의 새로운 발견을 제공한다.

커뮤니티Community : 미국의 지역주의에 대한 아이디어를 최초로 채택한 산업군으로 평가받는 독립 서점은 지역 사회 가치에 대한 연대를 강조해서 아마존과 대형 서점 체인들로부터 독자를 되찾을 수 있었다. 이를 위해 미국서점협회는 서점과 지역의 다른 사업체들 사이에서 파트너십을 촉진하고, 독립 서점에서 진행하는 특별한 행사를 홍보하기 위해 전용 홈페이지도 운영한다. 회원사 중에서 지역 내 커뮤니티를 모범적으로 운영한 사례를 공유하고, 독립 서점의 정체성을 강화하는 데 중요한 구심점이 되고 있다.

포틀랜드 문화의 중심이라고 불리는 파월스 서점Powell's city of books은 거리의 한 블록 전체를 차지하는 4층 건물에서 100만 권 이상의 신간과 중고 도서를 판매하며 지역의 거점 공간으로 자리 잡았다. 그리고 지역 주민과 관광객 들이 서점을 자주 방문하면서 주변의 카페와 쇼핑 매장 들도 상권을 키울 수 있었다.

뉴욕에 있는 블루 스타킹스Blue stockings는 자원 봉사자들을 주축으로 운영되는 페미니즘 전문 서점이면서, 성소수자와 진보적 정치 성향 중심의 커뮤니티로 잘 알려져 있다. 이곳에서는 매달 페미니스트·진보적 교육자를 위한 북클럽, 레즈비언이 모여 뜨개질을 하는 모임, 여성과 트랜스젠더가 자유롭게 발언하는 오픈 마이크 행사도 운영된다. 블루 스타킹스는 다른 길을 걷는 외로운 개인들이 서로 지성과 감성을 나누는 커뮤니티로 자리 잡았다.

세인트 마크스 서점St.Marks Bookshop은 2008년에 임대료를 낼 수 없을 정도로 위기였는데, 이를 안타깝게 생각한 뉴욕 시민과 작가 들의 청원으로 위기를 모면한 적이 있었다. 지역의 문화 커뮤니티를 지키는 독립 서점이 사라지는 모습을 두고 볼 수 없다며 사람들이 힘을 모은 사례다.

1976년에 설립된 프린티드매터Printed Matter는 아티스트 도서 판매·연구·출판 지원 등을 목표로 운영되는 자선 단체로, 뉴욕에서 독립 서점을 직접 운영하고 있다.

독립 서점 커뮤니티는 독자의 힘도 물론 중요했지만, 독립 출판사와 독립 출판물을 통해서 더 끈끈해질 수 있었다. 자본과 규모의 경제에서 벗어나 각자의 고유함과 자유로움을 중시하는 독립 출판 생산물이 독립 서점을 만나서 상생할 수 있었다.

규모가 작은 독립 서점들은 경기 불황의 파장에서 자유롭지 못한 편이다. 따라서 출판 관련 단체와 정책 기관의 지속적인 관심과 지원이 필요하다. 미국서점협회는 독립 서점을 지원하는 인디바운드 프로그램을 운영하는데, 독립 서점이 지역에서 살아남을 수 있도록 각종 지원 정책과 정보를 제공한다. 지역의 독립 서점 회원들을 위해 신뢰할 수 있는 베스트셀러 목록을 발표하는데, 일정 수준의 큐레이션 데이터를 제공하는 것이다. 몇몇 독립 서점은 전국과 지역별 베스트셀러를 비교해서 별도의 큐레이션 도서 코너를 구성하기도 한다. 또한 미국서점협회는 전자책 전문 회사인 코보kobo와 제휴 사업을 진행 중이며, 전자책 전용 기기 등을 판매해서 해당 수수료를 서점의 신규 매출로 확보하고 있다.

이제 국내 독립 서점들도 더욱 적극적인 네트워크를 통해 출판 산업에서 목소리를 낼 수 있는 환경을 갖출 필요가 있다. 서로 연대하면 거래 조건을 개선하거나 차별화된 이벤트를 추진할 수도 있다. 물론, 출판 유통 프로세스와 독자의 양상 등에서 미국과 한국의 서점 생태계는 차이가 크다.

하지만 미국의 독립 서점 부활을 이끈 3C 분석은 한국의 독립 서점들에 지속 가능한 전략과 그 실행 방향을 보여준다. 책을 좋아하고, 책으로 새로운 사람과 문화를 찾는 사람들은 여전히 서점을 통해 욕구를 채워간다. 독립 서점에서 찾을 수 있는 아날로그적 감성과 친근감, 정서적 애착감은 시대가 변해도 큰 차이가 없을 것이다. 물성에 즉각적으로 반응하는 사람의 본성은 소비 욕구에 가장 근접하기 때문이다. 오늘도 지역에서 사람과 책을 연결하는 데 최선을 다하며 분투하는 수많은 독립 서점에 박수를 보낸다.

1 미국서점협회, 「Teicher to Indies at ABA Annual Meeting: This is Our Moment」(https://www.bookweb.org/news/teicher-indies-aba-annual-meeting-our-moment-33748)

2 미국서점협회, 「ABA and Indie Bookstore Stats」(https://www.bookweb.org/aba-and-indie-bookstore-stats)

3 하버드비즈니스스쿨, 「How Independent Bookstores Have Thrived in Spite of Amazon.com」(https://hbswk.hbs.edu/item/why-independent-bookstores-haved-thrived-in-spite-of-amazon-com)

국내 콘텐츠 플랫폼의
새로운 주자들[1]

콘텐츠 유통 플랫폼의 변화

뉴미디어는 콘텐츠 유통 방식에 영향을 미치면서 산업의 성장과 혁신을 이끌고 있다. 텍스트를 중심으로 성장한 콘텐츠는 오디오와 비디오로 그 영역을 넓히고 있으며, 다양한 플랫폼이 채널의 경계를 넘나들고 있다. 흔히 플랫폼이 고속도로라면 콘텐츠는 그 위를 달리는 차량에 비유한다. 이제 고속도로 환경은 거의 완벽하게 구축되었다. 정보 통신 기술의 발전과 함께 플랫폼의 개념은 공간의 제약 없이 교류하며 새로운 가치를 창출하는 것으로 확장되었다.

새로운 유통 플랫폼의 등장과 시장 수요는 콘텐츠 기획·제작·투자 방식에도 변화를 불러왔다. 플랫폼 전쟁이라고 불리는 시대에 사업의 성공은 결국 콘텐츠 경쟁력에 달렸다. 이를 위해 독자의 생활 양식에 집중적으로 파고들어야 하고, 콘텐츠에 대한 신뢰와 팬덤Fandom 현상을 만드는 전략이 필수다. 직접적인 플랫폼이 될 수 없다면 플랫폼에 최적화된 콘텐츠를 만들고 가치를 높이는 전략이 필요하다. 그러면 국내 콘텐츠 플랫폼의 주요 현황을 텍스트 형태를 중심으로 오디오와 비디오까지 확장해서 살펴보고, 시사점과 전망을 간추려보겠다.

먼저 종이책 중심의 콘텐츠 생산자 중 종합 콘텐츠 플랫폼으로 변화를 꾀하는 출판사가 많아지고 있다. 저스툰Justoon을 서비스하는 위즈덤하우스미디어그룹은 NHN엔터테인먼트로부터 영업권을 양도받아 코미코Comico의 한국 서비스를 함께 운영한다. 저스툰의 색깔 있는 콘텐츠 기획력과 코미코가 보유한 막강한 글로벌 네트워크가 결합한 것이다. 저스툰은 코미코와 통합함으로써 유튜브 스타일의 개인화 큐레이션 홈 서비스를 도입했다. 박민규, 정용준 등 기성 소설가들의 웹 연재도 진행하면서 정통 소설 독자를 끌어들였고, 소비자의 구매력을 높이는 콘텐츠를 적극적으로 생산하고 직접 유통하는 플랫폼으로 발전하고 있다.

황금가지의 온라인 소설 플랫폼 브릿GBritG는 판타지 소설 『드래곤 라자』로 유명한 이영도 작가가 10년 만에 낸 새 장편소설 『오버 더 초이스』를 연재하면서 주목을 끌었다.[2] 이는 독자들이 기존 순문학 소설에서 장르 문학인 웹소설로 이동하고 있음을 단적으로 보여준다.

삼성출판사는 교육 콘텐츠 전문 회사인 스마트스터디smart study를 통해 종합 콘텐츠 플랫폼 회사로 확장하고 있다. 스마트

— 황금가지 브릿G 홈페이지

스터디는 삼성출판사의 자회사로, 유·아동 교육, 게임, 애니메이션 등의 온·오프라인 콘텐츠를 제작 및 유통하는 글로벌 콘텐츠 기업이다. 모바일 기반의 콘텐츠 기획력, 기술력, 서비스 실행력을 바탕으로 교육과 게임 분야에서 주목받고 있다.

전통적인 종이책과 전자책 이외에 텍스트 콘텐츠 시장에서 비약적인 성장을 하고 있는 웹 콘텐츠도 주목해야 한다. 스낵 컬처snack culture로 불리는 웹소설과 웹툰이 대표적으로, 국내 포털사인 카카오와 네이버가 시장을 양분하고 있다. 조아라와 문피아, 미스터블루, 교보문고 톡소다 등 전문적인 웹 콘텐츠 플랫폼도 활발하게 운영되고 있다. 최근 웹 콘텐츠 플랫폼은 단순히 소설과 만화 형식으로 유통하는 일에 한정하지 않고, OSMUOne Source Multi Use 기반의 스토리노믹스storinomics 생태계를 만들어가고 있다.

그동안 스토리 기반 사업의 확장은 특정 장르에서만 추진되어 많은 한계를 보였다. 하지만 멀티 장르화가 진행되면서 영화·드라마·뮤지컬·게임 등 관련 제작자들이 안정적으로 수익을 올리고 있다. 따라서 국내외 각종 콘텐츠 사업자들은 독점적 또는 양질의 IP를 확보하기 위해 투자를 강화하고 있다.

네이버는 기존의 네이버북스를 시리즈Series라는 이름으로 개편해 웹툰, 웹소설, 장르 소설, 만화를 통합해서 유료로 판매하고 있다. 독립 운영 체제로 분사한 네이버웹툰은 스튜디오N을 설립해서 웹툰을 영상화하기 위한 신사업을 추진하고 있다. 한편, 카카오의 자회사인 카카오페이지는 유명 웹소설 「김비서가 왜 그럴까」를 드라마로 만들어 성공을 거두었고, 드라마 제작사인 메가몬스터를 인수하여 수익성 높은 영상 콘텐츠 개발에 주력하고 있다. 앞으로 양사가 경쟁적으로 콘텐츠 사업을 진행하면서 국내 유료 콘텐츠 시장의 활성화와 웹 콘텐츠의 영상 사업이 본격적으로 추진될 전망이다.

국내 지식 정보 콘텐츠 플랫폼의 약진 또한 두드러지고 있다. 퍼블리Publy는 특정 분야에 전문성이 있는 저자가 기획 취재를 통해 전담 에디터와 함께 디지털 리포트를 완성하고, 그것을 프로젝트 펀딩에 참여한 독자들에게 제공한다. 더불어 인기 콘텐츠를 출판사 미래엔과 협업해 종이책으로 제작해서 판매할 목적으로 '북바이퍼블리'라는 브랜드를 만들었으며, 유료 퍼블리

멤버십을 통해 매주 새로운 기획 콘텐츠를 발행하고 기존 리포트를 무제한 서브스크립션 모델로 서비스하고 있다.

북 저널리즘Book Journalism을 표방하며 문고판 형태의 종이책을 출간하고 동시에 디지털 콘텐츠를 제공하는 쓰리체어스, 중앙일보에서 만든 지식 콘텐츠 플랫폼 폴인fol:in, 맞춤형 도서 큐레이션 플랫폼 비블리스토아Bibly Stoa도 텍스트 중심 플랫폼의 새로운 가능성을 제시하고 있다.

한편 해외 출판 시장에서 오디오북이 전자책 성장세를 추월하면서 오디오 콘텐츠에 대한 관심이 뜨겁다. 굿이리더GoodEReader닷컴은 세계 오디오북 시장이 2013년 20억 달러에서 2016년 35억 달러로 연평균 20.5% 성장했다고 발표했다.[3] 시장조사기관 에디슨리서치에 따르면, 12세 이상의 미국인 중 51%가 팟캐스트를 들었다고 한다. 오디오 콘텐츠 중 팟캐스트의 점유율은 5년 간 2배 이상 증가했고, 12~24세의 팟캐스트 이용자가 가장 많은 증가율을 보였다.[4] 또한 스마트 홈 서비스를 위한 인공 지능 기반 스마트 스피커가 출시되면서 오디오북과 팟캐스트 콘텐츠가 많이 활용되고 있다. 이러한 환경으로 인해 오디오 콘텐츠에 투자하고 사업을 확장해 플랫폼을 선점하려는 기업이 늘고 있다.

국내 오디오북 시장을 주도하고 있는 네이버는 베타 형태로 운영하는 오디오클립audioclip을 통해 유료 오디오북 서비스를 개시했다. 『82년생 김지영』, 『살인자의 기억법』 등 인기 서적

30종을 작가, 연예인, 성우 등의 목소리를 활용해서 제작했다.[5] 국내 최대 팟캐스트 플랫폼 팟빵도 오디오북 플랫폼 경쟁에 뛰어들었다. 월간 실제 이용자 수Monthly Active User 80만 명에 달하는 기반을 활용해 유료 오디오북 시장 개척을 선언했다. 오디오북 오픈 플랫폼 서비스를 통해 원어민 성우가 녹음한 어린이를 위한 그림형제 영어 동화 20편을 비롯해 인문 사회, 역사, 과학, 어학, 엔터테인먼트 등 다양한 카테고리의 오디오북 30여 개도 제공된다.

개인 방송 플랫폼인 아프리카TV도 오디오 창작자 육성에 본격적으로 나섰다. 오디오자키AJ 모집을 시작했으며, 오디오 방송 앱 팟프리카를 출시했다.[6] 이렇게 기존 팟캐스트와 개인 방송 플랫폼의 오디오북 서비스 진출은 플랫폼 운영 노하우를 바탕으로 한다는 점에서 시장에서 긍정적으로 평가된다. 스푼라디오는 Z세대의 호응 속에 1,000만 다운로드를 돌파했다. 스푼라디오에서 하루에 진행되는 라이브 방송은 5만 5,000개, 아이템 판매액은 월 40억 원에 달한다.[7]

NHN엔터테인먼트의 팟캐스트 앱 팟티는 다양한 업체와 협력해 콘텐츠 확보에 나섰다. 구글은 앱 마켓 구글 플레이를 통해 국내에서 오디오북을 서비스하기 시작했다. 인공 지능 비서인 구글 어시스턴트와도 연동할 계획이다. 인플루엔셜 출판사도 오디오북 플랫폼 윌라Welaaa를 오픈하면서 자사의 베스트셀러와 동영상 강의 1,000여 개를 제공한다. 윌라는 2019년 서울

국제도서전에서 카드형 오디오북을 선보였는데, 인증형 QR코드를 통해 사용자의 콘텐츠 접속과 이용을 지원하는 특허 기술을 접목한 콘텐츠다. 이어서 월 9,900원에 무제한으로 오디오북 콘텐츠를 이용할 수 있는 '오디오 북클럽' 월정액 요금제도 출시했다.

한편 주요 정보 통신 기술 기업들은 비디오 콘텐츠 플랫폼을 구축하는 데 투자를 확대하고 있다. 우선, 구글의 유튜브는 비디오 콘텐츠 플랫폼의 상징이 되었다. 10~20대는 검색을 유튜브로 한다는 이야기가 있을 정도로 검색의 패러다임까지 변화시키고 있다. 유튜브 콘텐츠의 특징은 다양성에 있다. 각종 전문 채널에서 제작하는 영상이 대부분이지만, 1인 미디어 제작 영상도 유튜브에 기반을 두고 성장했다. 이용자들이 직접 영상을 제작해 소통하기도 하는데, 마치 과거에 블로그 등 플랫폼을 이용해 이용자들이 직접 콘텐츠를 만들어 소통한 것과 비슷하다.

유튜브에 이어 넷플릭스와 아마존, 국내에서는 네이버, 카카오가 비디오 콘텐츠 확충에 집중적으로 투자하고 있다. 네이버의 동영상 주력 콘텐츠는 국내의 경우, 오리지널 콘텐츠를 만들거나 방송사 콘텐츠를 수급해 VOD_{Video On Demand}와 라이브로 서비스하는 네이버TV가 있다. 한편 해외의 경우에는 유명 인사가 직접 출연해 팬과 소통하는 라이브 플랫폼 브이라이브_{V–Live}가 네이버의 주력 서비스로 활발하게 진행된다. 카카오는 기존의 무료 영상 기반의 카카오TV와 유료 영상 기반의 카카오페이지를 통해서 자사의 각종 콘텐츠를 적극적으로 활용한다. 카카오는 인기 있는 창작자 유치와 게임 콘텐츠를 비롯해 스포츠 중계에도 주력할 예정이다.

CJ ENM은 기존의 영화나 드라마 제작에 매진하면서 다이아티비를 통해 1인 창작자들의 영상 제작을 지원하고 있다. 1인 방송 플랫폼 아프리카TV도 방송 진행자BJ들이 참여하는 다양한 MCNMulti Channel Network 프로그램을 제작하고 있다. 대다수 비디오 콘텐츠 플랫폼은 오리지널 콘텐츠 확보를 위해 자체 제작 스튜디오를 마련하고, 인기 있는 창작자들을 적극적으로 영입하고 있다. 이들은 해당 분야의 인플루언서로서 상품과 콘텐츠의 마케터 역할을 소화한다.

북튜버가 시장에 불러온 변화

최근 지식 정보 콘텐츠에 대한 수요가 높아지면서 출판계에 등장한 북튜버BookTuber가 인기다. 많은 신간이 출간되면서 발생하는 발견성의 고민을 덜어주는 콘텐츠로 등장한 북튜버는 영상 세대 독자에게 통하고 있다. 북튜버는 하나의 주제로 책을 선정하거나 자신의 취향에 맞춰 큐레이팅한 책의 핵심을 간결하게 짚어낸다. 북튜버 채널 구독자는 영상에 소개된 책을 구입하거나 댓글로 적극적인 관심을 보인다.

국내에서는 책읽찌라, 겨울서점, 다이애나의 책장 등 전문 북튜버가 독자와 출판사 사이에서 높은 인기를 얻고 있다. 우선, 책읽찌라의 유튜브와 페이스북 고정 독자는 6만 명이 넘고, 동영상은 400개가 넘는다. 겨울서점은 책의 명문장을 읽어주거나, 택배로 받은 책 꾸러미를 개봉하는 언박싱Unboxing 중계도 한다. 다이애나의 책장 운영자는 직접 얼굴을 드러내지 않고 책과 목소리만으로 생생한 현장감을 전한다.

유튜브와 페이스북, 트위터 외에 온라인 서점도 북튜버를 위한 콘텐츠 플랫폼이 되고 있다. 인터넷교보문고는 북튜버 전문 코너를 운영 중이고, 인터넷 서점인 커넥츠북은 책 추천 라이브 방송과 함께 특별한 서점 코너에 유명 북튜버를 영입해 다양한 북 큐레이션 채널을 운영하고 있다.

북튜버가 책을 추천하고 읽어주는 콘텐츠는 스마트 미디어 시대에 책의 발견성을 높이는 데 큰 역할을 한다. 분야의 전문가이거나 전달력이 높은 북튜버의 경우, 출판 광고의 새로운 채널로 영향력을 높이고 있다. 그 예로 구독자 수 81만 명이 넘는 김미경TV에서 소개한 책은 판매량이 급증한다. 이렇게 유명 북튜브 채널의 경우, 비싼 광고료에도 불구하고 확실한 마케팅 채널로 알려지면서 출판사의 광고 신청이 이어지고 있다. 다수의 출판사도 자체적으로 유튜브 채널을 개설해서 볼 만한 콘텐츠를 만드는 등 플랫폼으로서 유튜브를 적극적으로 활용하고 있다. 주로 도서와 콘텐츠 마케팅 측면에서 유튜브를 다루지만, 매력적인 콘텐츠 크리에이터를 저자로 발굴하는 채널로도 중요하

— 교보문고 북튜버 채널 페이지

게 인식된다. 오디오와 비디오 콘텐츠 모두 1인 창작 시대가 일
반화되면서 텍스트 중심의 출판 산업에도 영향을 미치고 있다.
이제 플랫폼은 기술 발전과 소셜 네트워크 효과로 콘텐츠의 생
산부터 소비까지 최소 비용, 최대 효과를 실현하고 있다.

　따라서 콘텐츠 시장을 주도하려면 플랫폼은 생산자와 소비자
를 효과적으로 연결하고, 양질의 콘텐츠를 시기적절하게 제공
하는 힘을 갖춰야 한다. 이를 위해 콘텐츠 플랫폼은 멤버십 기반
의 서브스크립션 서비스에 주력한다. 기간별로 일정 회비를 내
면 무제한으로 해당 플랫폼의 모든 콘텐츠를 자유롭게 이용할
수 있어서 소비자들의 선호도가 높다.

　오디오와 비디오에 비해 상대적으로 늦었지만, 텍스트 콘텐

츠 시장에도 서브스크립션 서비스가 확산되고 있다. 이미 해외에서는 아마존의 킨들 언리미티드kindle unlimited가 많은 인기를 얻고 있으며, 국내에서도 전자책 장기 대여 금지의 대안으로 서브스크립션 서비스가 급속하게 추진되고 있다. 우선, 교보문고의 샘sam은 선택형 모델과 무제한 모델을 혼합한 서비스를 운영한다. 밀리의서재, 리디북스의 리디셀렉트, 예스24의 북클럽도 서브스크립션 서비스를 독자에게 제공한다.

판매 모델에서 서브스크립션이 콘텐츠 플랫폼 성공의 핵심 요인이라면, 이용자의 실질적인 콘텐츠 사용을 이끄는 것은 큐레이션이다. 무엇보다 콘텐츠가 아무리 많아도 이용자의 취향에 맞는 콘텐츠를 적시에 제공해야 만족도를 높일 수 있다. 즉, 만족도를 높이는 큐레이션은 콘텐츠 이용을 확대하고, 플랫폼에 머무는 시간을 늘리는 역할을 한다. 이처럼 서브스크립션과 큐레이션의 유기적인 결합은 콘텐츠 플랫폼의 성공을 좌우하는 열쇠다.

4차 산업혁명 시대에 플랫폼 사업자들은 기술 혁신과 콘텐츠 개발에 치열하게 투자하고, 인공 지능과 블록체인Block Chain 등 신기술이 콘텐츠 제작과 플랫폼에 빠르게 접목되고 있다. 특히, 스마트 기기와 모바일 환경 변화에 따른 콘텐츠 시장의 다양성과 사업자들의 경쟁 구조를 제대로 이해해야 한다. 기술 혁신과 소비 행태 변화는 출판 산업의 위기이자 기회가 될 수 있다. 기술을 통해 출판 기획과 제작, 유통 방식의 효율성을 높이고, 투자 대비 수익률을 증가시킬 수 있기 때문이다. 이는 출판이 보다 강력한 비즈니스로 성장하는 데 필수적인 과제일 것이다.

1 이 글은 필자가 한국출판문화산업진흥원의 〈출판N〉 Vol.5 '커버집중기획'(2019.07)에 기고한 「국내 콘텐츠 플랫폼의 현황과 전망」을 수정·보완하여 재수록한 것이다.

2 연합뉴스, 「'드래곤 라자' 판타지 대가 이영도, 10년만에 신작 공개」(https://www.yna.co.kr/view/AKR20171222068800005)

3 스타트업투데이, 「오디오북, 출판업계 새로운 활로로 부상」(http://www.startuptoday.kr/news/articleView.html?idxno=10173)

4 에디슨리서치, 「the podcast consumer 2019」(https://www.edisonresearch.com/the-podcast-consumer-2019/)

5 한국경제, 「82년생 김지영을 '오디오북'으로… 네이버, 유료 서비스 시작」(https://www.hankyung.com/it/article/201808024395g)

6 머니투데이, 「오디오북·팟캐스트… 이제는 '듣는' 콘텐츠 전쟁」(https://news.mt.co.kr/mtview.php?no=2018081410033778127)

7 파이낸셜뉴스, 「Z세대 귀부터 즐겁게… IT기업 '오디오 콘텐츠' 공들인다」(https://news.naver.com/main/read.nhn?mode=LSD&mid=sec&sid1=105&oid=014&aid=0004286377)

2장

쓰기와 읽기, 공유의
새로운 시도들

셀프 퍼블리싱을 통한 쓰기의 확장: 아마존 KDP

아마존 KDP의 현황과 프로세스

이제 작가들은 기성 출판사를 통하지 않아도 저렴한 비용으로 종이책과 전자책을 출간할 수 있게 되었다. 물론, 출판 형태를 갖추고는 있지만 콘텐츠의 수준과 상업적 성공 여부는 기성 출판과 직접 비교하기 어렵다.

개인이 직접 출판할 수 있는 셀프 퍼블리싱 플랫폼은 이미 시장에 자리 잡았다. 2000년대부터 셀프 퍼블리싱 플랫폼이 출현했고, 에스프레소 북 머신처럼 즉석에서 종이책을 제작하는 기계도 등장했다. 셀프 퍼블리싱 플랫폼은 스매시워즈smashwords, 룰루닷컴lulu.com 등 전문 스타트업 회사 이외에 반스앤노블의 누크프레스nook press, 아마존의 KDPKindle Direct Publishing 등 대형 서점에서도 운영하고 있다. 현재 가장 큰 플랫폼으로 성장한 아마존의 KDP는 2007년부터 전자책 사업과 함께 본격적으로 시작되었고, 개인 작가들의 콘텐츠 소싱 채널로 급성장했다. 그리고 그곳에 모인 출판물은 대부분 킨들 스토어와 오프라인 매장에서 독점으로 판매된다.

아마존은 사업 초기에는 기성 출판사들과 힘겨루기를 하면서 다소 어려움이 있었지만, 킨들이 시장에 안착하면서 기존 출판 제작과 유통 시스템에 혁신을 가져올 것이라고 확신했다. 그리고 이를 위해 콘텐츠 사업의 핵심 전략인 콘텐츠-플랫폼-네트워크-디바이스 구조를 아마존 생태계 내에 일원화해서 직접 구축해나갔다. 그 첫 번째 성과물이 디지털 텍스트 플랫폼DTP을 리모델링한 KDP를 만들면서 시작한 개인 작가들과의 적극적인 교류와 출판 서비스 지원이었다. 아마존 KDP는 "독립적으로 당신의 책을 출간하라Publish your books independently"는 것을 목표로 셀프 퍼블리싱 시대를 주도하면서, 작가들의 수익성을 높이고 커뮤니티를 강화했다.[1]

아마존 KDP는 30개 이상의 언어로 출판물 제작을 지원하고 있고, 2016년부터 전자책에 더해 종이책 출판을 KDP 옵션에 추가했다. 2000년대 중반부터 크리에이트 스페이스create space라는 이름으로 시작한 종이책 출판 서비스를 KDP에 통합한 것이다. 출판하는 데 5분이 걸리지 않고, 48시간 내에 전 세계 킨들 스토어에서 자신의 책이 판매된다. 아마존 KDP에서 인기 있는 분야는 별도의 홍보 페이지를 지원한다. 대표적으로 비즈니스와 투자, 코믹과 그래픽 노블, 교육과 교재, 어린이, 문학과 픽션, 미스터리, 스릴러와 서스펜스, 논픽션, 로맨스, SF와 판타지,

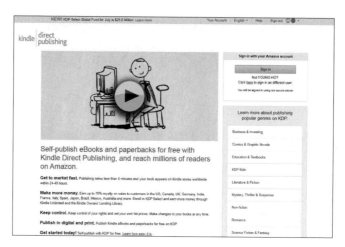

— 아마존 KDP 홈페이지

10대와 청년이며, 각 페이지마다 KDP로 성공 사례를 만든 작가들의 소회와 인상적인 추천 메시지가 담겨 있다.

아마존 KDP의 메뉴 바는 책장Bookshelf, 리포트Reports, 커뮤니티Community, KDP 셀렉트KDP Select로 구성되어 있다. KDP를 시작하기 위해서는 아마존 계정으로 로그인을 해야 한다. 정식 계정을 만든 후에 작성자, 지불 및 세금 정보까지 작가로서 필요한 항목에 정확한 내용을 입력하면 된다. KDP에 출판 원고를 업로드하기 전에 서식을 지정하고, 표지 제작 가이드에 따라 모든 출판 데이터를 만들어야 한다. 원고와 표지 업로드 후, 책장으로 이동해서 제목과 작품 설명, 키워드 정보를 입력한다. 이때, 자신이 업로드한 원고를 책의 형태로 미리 확인할 수 있다. 배포 권한과 가격을 정하고, 판매 지역을 선택하면 홍보 단계로 이동

한다. 마지막으로, 책을 출간하고 이메일, 웹사이트나 다른 수단으로 홍보 활동을 하면서 잠재 독자들에게 접근할 수 있다.

KDP에 등록된 작가는 아마존이 제공하는 다양한 프로모션 도구를 사용할 수 있다. 대표적으로 KDP 셀렉트 프로그램에 전자책을 등록하면 더 많은 독자와 인세를 얻을 수 있다. 신청 작가의 작품은 아마존 킨들 스토어에만 독점으로 공급되고, 킨들 언리미티드와 킨들 오너스 렌딩 라이브러리Kindle Owners Lending Library에 포함된다. 작가는 킨들 카운트다운countdown 거래 및 무료 도서 프로모션 등 아마존에서 제공하는 도구에 접속할 수 있다. 출간 도서가 미국, 캐나다, 영국, 독일, 인도, 프랑스, 이탈리아, 스페인, 일본, 브라질, 멕시코, 호주 등에서 아마존 고객에게 판매되면 정가를 기준으로 기본 35%에서 최대 70%의 인세를 받을 수 있다. 저작물의 모든 권리와 가격은 작가 스스로 정할 수 있고, 언제든지 웹을 통해 변경할 수 있다.

추가로 작가 중심Author Central 페이지에 등록하면, 더 많은 아마존 독자와 연결된다. 이를 위해 작가 페이지의 프로필난과 블로그에 최신 정보를 올리는 것이 중요하다. 그뿐만 아니라 KDP 이용 가이드라인을 텍스트 문서로만 제공하지 않고, 동영상으로 제작해 상호 피드백하는 KDP 퍼블리셔 유니버시티Publisher University 콘텐츠를 유튜브 채널에 올리고 있다. 채널 내 웨비나 아마존Webinars Amazon 코너에서는 전문가와 실시간으로 연락을 주고받으면서 성공적으로 KDP에 게시하는 방법을 무료로 알려준다. 비디오Video 코너는 책의 시작, 형식 지정 및 홍보를 위한 도움말이 담긴 동영상을 보여준다.

그리고 KDP 점프스타트Jumpstart 코너는 아마존에서 출판하기를 위한 내부자의 조언이 담긴 '엔드-투-엔드end to end' 가이드를 제공한다. 단계별로 간단한 안내서를 제공하는데, 완성된 원고가 정식으로 출간되기까지 4단계(시작하기-도서 정보-원고 및 표지-권리 및 가격 책정) 과정으로 이루어져 있어 보다 쉽고 빠르게 KDP를 이용할 수 있다. 빌드 유어 북Build Your Book 코너는 페이퍼백 스타일로 원고 디자인과 제본 형식 등을 지정하고, KDP 시스템에 등록 가능한 PDF 파일로 제작하는 방법을 자세하게 안내한다.

KDP를 통해 출판된 콘텐츠는 고객이 아마존에 기대하는 높은 기준에 맞추어져 있으며, 독자가 전자책에서 발견한 문제에 대해 알려주면 해결할 수 있는 올바른 방향을 제시한다. 특히, 작가가 KDP의 가이드라인에 어긋나는 광고와 판촉을 하거나 부정확한 내용과 메타데이터 등이 입력되면 패널티를 부과해서 전체 수준이 떨어지지 않도록 엄격하게 관리한다. 이런 방식으로 아마존은 출판사를 거치지 않은 출간물의 완성도와 원고 수준 등에 대한 독자의 우려를 해소하고 있다.

한편 아마존 스토어를 통해 책이 판매되면, 고객이 구매함과 동시에 상품별 판매 내역을 작가에게 제공한다. 아마존의 세일즈 대시보드sales dashboard는 기간, 지역 등 항목별로 매출과 정산 내역을 편리하게 확인할 수 있게 만들었다. 무엇보다 작가에게 투명한 판매 정보와 인세를 지불한다. 아마존은 2018년 KDP 이용 작가들의 총수입이 2억 6,000만 달러 이상에 달한다고 발표했다. 이미 수천 명의 작가 수입이 연 5만 달러 이상이며, 1,000명이 넘는 작가의 인세 수입은 연 10만 달러 이상에 달할 만큼 기성 출판사와 거리를 두어도 아마존에서 상당한 수익을 얻을 수 있다.

KDP의 작가 인세는 매월 정산되며, 금액이 확정되면 60일 후에 지급한다. 예를 들어, 6월에 벌어들인 인세가 최소 기준액(아마존US는 100달러)을 충족하면 8월에 지급되는 방식이다. 작가가 책을 배포하는 곳으로 선택한 아마존 킨들 스토어별로 인세를 지급받는다. 지급 방식은 직접 입금, 계좌 이체, 수표 등이며, 작가가 설정한 국가별 은행의 위치와 조건에 따라 최종 확정된다.

아마존 KDP의 의미와 전망

KDP는 아마존의 출판 콘텐츠 제작, 유통 생태계에서 원천 소스를 확보할 수 있는 핵심 채널로 성장했다. 개인 작가들이 아마존으로 모여드는 이유는 안정적이고 편리한 플랫폼과 강력한 마케팅 지원 도구가 마련되어 있기 때문이다. 엄격한 가이드라인을 통과하고 작품성과 상품성이 있다고 판단되면, 해당 분야를 즐기는 고객들에게 집중적으로 홍보한다. 전자책과 종이책 모두 가격도 저렴하고, 회원제 서비스를 통해 마음껏 이용할 수 있어서 고객들의 반응도 좋은 편이다.

2014년에는 어린이 동화책 작가를 위한 KDP 키즈KDP kids를 출시하면서 아동 콘텐츠 작가들에게도 문이 열렸다. 이를 위해 아마존은 동화책 작가들이 편리하게 동화 출판물을 제작할 수 있게 별도로 킨들 키즈 북 크리에이터Kindle Kids' Book Creator를 만들었다. 이것을 이용하면 디지털 기술을 잘 모르는 작가도 기본적인 KDP 프로세스에 맞춰 전자책을 쉽게 출판할 수 있다.

기존 종이책에 있던 그림을 킨들 키즈 북에도 넣을 수 있고, 글자에 애니메이션 효과를 주는 기능도 들어 있다. 스마트폰과 태블릿 등 디지털 기기에 익숙한 어린 독자를 위해서 동화 작가들이 직접 간편하게 전자책을 제작할 수 있는 시스템을 만든 것이다. 아마존 킨들 부문 임원 러셀 그랜디네티Russell Grandinetti는 "책을 쓰기 위해 굳이 프로그래머가 될 필요는 없다. 작가는 오직 이야기에만 신경 쓰면 되고, 기술과 디자인에 대해선 아마존이 해결하겠다"라는 말로 KDP의 강점을 내세웠다.[2] 또한 아마존의 셀프 퍼블리싱 플랫폼은 단순히 개인 출판을 위한 솔루션 제공에 그치지 않고 개인 출판의 약점이라고 할 수 있는 작품의 완성도와 상업성을 보장하는 일에도 집중한다.

시장 내외부의 경계가 무너지면서 작가와 독자를 어떤 구조와 수익 모델로 연결할 것인가에 따라 플랫폼의 성패가 결정되는데, 셀프 퍼블리싱 플랫폼 중 아마존 KDP의 성장이 가장 돋보이는 이유도 여기에 있다. 아마존은 KDP를 활용해 역량 있는 작가와 콘텐츠를 직접 발굴하고, 킨들 스토어에서 대량의 전자책을 유통하며, 굿리즈를 통해 소셜 리딩 커뮤니티를 대대적으로 추진하고 있다. 그리고 기존의 출판 시장을 뒤흔들면서 아마존에 우호적인 작가와 독자 확보에 매진할 것이다. 비즈니스 관점에서 새로운 경험을 제공하고, 포맷의 경계를 넘나드는 아마존의 출판 콘텐츠 사업은 끝이 없다. 물론 이러한 움직임에 대한 우려의 목소리도 있지만, 아마존을 통해 자극을 얻고 다양한 도전을 시도하는 작가와 출판사는 점점 많아지고 있다.

자기가 쓴 책이 서점에서 판매되는 일은 상업 출판에서 외면받거나 자신감이 부족한 작가에게는 매우 의미 있는 경험이다. 아마존 KDP는 신인 작가의 등용문이기도 하지만, 기성 작가에게도 종이책 출간까지 기다리지 않고, 초고 수준의 원고를 전자책으로 출간해서 좀 더 빠르게 독자와 만날 수 있는 접점 채널이 될 수 있다. 이러한 셀프 퍼블리싱 모델은 미래 출판의 대안으로 떠올랐다. 종이책과 전자책 모두 편리하고 저렴한 비용으로 출간할 수 있고, 수익성도 매년 높아지고 있기 때문이다.

보우커Bowker의 연례보고서에 따르면, 2017년 미국에서 ISBN이 부착된 셀프 퍼블리싱 도서가 처음으로 100만 종을 넘어섰다. 종이책은 전년 대비 38% 증가한 88만여 종, 전자책은 13% 감소한 13만여 종으로 집계되었다.[3] 전자책의 ISBN 발행

수는 3년 연속 감소했고, 이미 많은 개인 작가들이 ASIN_{Amazon} Standard Identification Number을 사용하는 아마존 KDP로 이동했는데, 아마존은 정확한 출간 통계를 외부에 공개하지 않고 있다. 아마존의 셀프 퍼블리싱 전자책 판매 종수 증가율을 고려하면, 전체 전자책 발행 수는 훨씬 더 많을 것으로 추정된다.

셀프 퍼블리싱 모델을 지향하는 콘텐츠 생산자들은 디지털 미디어 환경에 최적화된 텍스트와 이미지를 수용하는 데 익숙하다. 그들이 만드는 출판 콘텐츠는 결국 기존의 규격을 깨고 나오는 다양성에서 시작된다. 이제 작가들은 스스로 문제를 해결할 수 있는 플랫폼과 소셜 미디어를 통한 독자와의 커뮤니케이션을 즐기고 있다. 기성 출판사도 독립 출판 작가를 현재의 시선이 아닌, 보다 중장기적인 관점에서 협력의 대상으로 바라볼 필요가 있다. 즉, 셀프 퍼블리싱 모델을 그동안 출판계에서 담아내기 어려운 기발한 아이디어를 접목하는 등 새로운 기획 출판을 위한 실험과 도전의 장으로 인식해야 할 것이다.

1 포브스, 「How To Self-Publish Your Book Through Amazon」(https://www.forbes.com/sites/deborahljacobs/2014/04/25/how-to-self-publish-your-book-through-amazon/#2267ea1044d3)

2 기가옴, 「Amazon launches KDP Kids, a tool to help authors self-publish illustrated books」(https://gigaom.com/2014/09/03/self-publish-childrens-book-kindle/)

3 퍼블리셔스위클리, 「The Number of Self-Published Titles Cracked 1 Million in 2017」

(https://www.publishersweekly.com/pw/by-topic/industry-news/publisher-news/
article/78291-the-number-of-self-published-titles-cracked-1-million-in-2017.html)

데이터 알고리즘으로
베스트셀러를 만든다 : 인키트

인키트의 시작과 현황

2015년 알리 알바자즈가 주도해서 독일 베를린에 창업한 인키트Inkitt는 독자들의 힘으로 책을 만드는 출판사로 자리매김했다. 인키트의 사명은 "재능 있는 작가를 발굴하여 세계적으로 성공한 작가로 만드는 것"이다. 15명 이상의 직원을 보유한 회사로 성장한 인키트는 전통적인 출판 프로세스의 한계를 뛰어넘기 위해 작가와 독자를 출간 전부터 연결하는 커뮤니티 플랫폼을 구축했다.

2016년 중반부터 베스트셀러 작가를 탄생시킨 인키트는 이미 46개의 베스트셀러를 발굴해서 발표했고, 작가 지망생들은 계속 경력을 쌓아가면서 꿈을 실현하고 있다. 이곳에는 2019년 기준으로 10만 명이 넘는 이용자(독자)와 24만여 개 이상의 소설 작품, 8만여 명의 작가가 등록되어 있다. 이처럼 인키트는 단기간에 많은 이용자를 모으고 베스트셀러를 내는 성과를 거두었고, 언론과 출판사는 이들의 독특한 기획력과 마케팅에 많은 관심을 보였다.

인키트의 기본적인 운영 프로세스는 간단하다. 작가가 가이드라인에 따라 원고를 쓰거나 업로드하고WRITERS WRITE, 독자가 무료로 작품을 읽고 피드백하며READERS DISCOVER, 독자 참여로 우수한 평가를 받은 작품을 종이책·전자책·오디오북으로 출판 WE PUBLISH하는 것이다. 즉, 작가가 직접 원고를 업로드하고, 이를 본 다른 작가를 포함한 독자가 피드백을 제공하는 출판 플랫폼이다. 작가와 출판사가 책 기획과 제작에 관한 모든 사항을 결정하고 출간하는 기존의 단방향이 아닌, 독자의 피드백을 반영한 쌍방향 출판 개념을 적용한 것이다. 인키트 사이트에서는 아래와 같이 총 4개의 카테고리가 운영되고 있다.

무료 도서Free Books는 SF, 판타지, 모험, 미스터리, 호러 등 14개의 세부 장르별로 구성되고, 팬픽션Fanfiction 코너에는 『해리 포터』, 『나루토』, 『반지의 제왕』 등을 별도로 운영한다. 독자들의 관심사를 인기 주제로 묶어서 작품별 특징을 파악하고 서로 연결하는 해시태그hashtag도 지원한다.

작가되기Become a Writer는 원고를 직접 입력하고, 표지를 등록할 수 있는 입력창 등 차별화된 제작 툴tool을 지원한다. MS워드 형식의 경우, 직접 링크 방식으로 업로드가 좀 더 편리하다. 기성 작가가 영상으로 인키트의 활용법을 설명하는 콘텐츠도 들어 있다. 작가를 위한 블로그The Writer's Blog는 소식지 형태로 작가들에게 집필과 출판 관련 정보를 제공한다.

커뮤니티Community는 장르·작가별로 개설할 수 있으며 자기소개, 작법, 편집, 마케팅 등 소설에 관한 다양한 이야기를 쓰고 나눌 수 있다. 인키트는 커뮤니티 가이드라인을 통해서 작품을 위한 건설적인 내용, 전문가적인 인식, 긍정적인 태도로 참여할 것을 강조한다. 작문 지침에서는 서식을 지정하거나, 문법과 구두법, 기술 지원, 연령 제한과 저작권 관련 사항 등을 알려준다.

출간된 도서Published Novels는 책을 간단히 소개하고, 아마존닷컴에 직접 연결해 전자책과 종이책으로 구입할 수 있게 만들었다. 인키트 독점Inkitt Exclusive을 이용하면 무료로 검토용 사본을 받을 수 있고 리뷰에 대한 크레딧credit을 얻을 수 있다. 적립한 크레딧은 현금성 포인트처럼 종이책과 전자책 사본을 더 많이 구입하는 데 사용할 수 있다.

쌍방향 출판 플랫폼을 통해 인키트가 주목한 것은 피드백을 바탕으로 만들어진 데이터였다. 회원 가입과 작가 등록 단계부터 원고 작성과 읽기, 후기 작성 등 작가와 독자가 남기는 흔적들을 무수한 데이터로 축적해갔다. 사람과 콘텐츠가 만드는 데이터는 일정한 패턴을 만드는데, 이 패턴들을 만족도를 극대화할 수 있는 마케팅 요소로 활용했다. 인키트는 데이터와 성공 경험이 축적되면서 베스트셀러를 만드는 알고리즘을 견고하게 만들어갔다.

인키트 창업자 알리 알바자즈는 "우리는 독자들의 행동을 통해 참여도를 분석한다. 독서를 하기 위해 밤새도록 플랫폼에 머무르거나, 온종일 휴식하면서 원고를 읽고 남기는 데이터를 통해 소설에 대한 호불호를 확인하고 있다"고 말했으며, "아마존을 제외한 거의 모든 출판사가 데이터 과학을 광범위하게 사용하거나 온라인을 통해 콘텐츠의 잠재력을 극대화하는 일을 하지 못한다"[1]라고 평가했다.

인키트는 독자들이 소설을 읽는 패턴을 총 1,200여 개로 분석했다. 읽는 속도, 가장 오래 머문 페이지, 전체 읽은 페이지 수, 언제 어디에서 읽었는지 등을 독자들이 남긴 데이터를 기준으로 판별한다. 추가적으로 밤에 책을 읽는다거나, 시간이 날 때마다 짬짬이 읽는 경우 등 흥미로운 독서 패턴까지도 분석했다. 이런 식으로 베스트셀러가 될 만한 작품을 찾으면 작가에게 직접 연락해서 정식으로 출간 계약을 하고, 전자책, 종이책, 오디오북 등 출판물을 제작한다. 이렇게 베스트셀러 알고리즘을 구축하고 출판 사업을 가능하게 만드는 것은 바로 커뮤니티다. 광대한 커뮤니티는 소설을 즐겨 읽는 새로운 독자, 이들과 소통하고 싶은 새로운 작가 들을 유인하는 역할을 한다.

인키트는 기성 출판사에서 출간에 관한 의사 결정을 편집자의 직감에 의존하는 것을 아쉬워했다. 그들은 데이터에 근거한 출판 결정과 마케팅 방향 설정이 직감에 의존하는 것보다 훨씬 더 위험을 줄여준다는 사실을 그간의 성과를 통해 증명했다. 인키트는 어떤 책의 운명은 편집인이나 에이전트의 본능에 따라

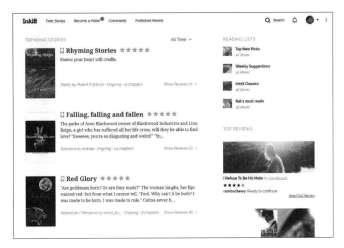

결정되는 것이 아니라, 독자의 손에 달렸다고 주장한다.

인간의 주관이 아닌, 데이터를 기반으로 하기 때문에 인키트는 다른 출판사보다 더 빨리 베스트셀러가 될 만한 작품을 식별하여 게시할 수 있다. 독자들의 평가가 좋으면 8주 안에 해당 작가와 계약을 추진하는데, 저자는 판매 인세(전자책 25%, 종이책 51%) 조항이 포함된 계약서를 받게 된다.

정식 계약이 체결되면 작가에게 세밀한 편집, 전문 디자이너가 제작한 표지 등 출판에 필요한 것들을 제공한다. 서로 긴밀한 관계를 유지하되 결정 및 변경 권한은 작가에게 준다. 모든 결정이 끝나면 홍보 활동을 적극적으로 지원한다. 원고 업로드부터 출간 후 마케팅까지 종합적인 작가의 에이전시가 되어준다.

『해리 포터』가 출간되기 전에 작가 조앤 롤링이 여러 출판사로부터 12번이나 거절당한 이야기는 유명하다. 『해리 포터』의 담당 편집장은 자신의 8살 딸이 원고의 첫 번째 장에 푹 빠져서 읽는 것을 보고 출간을 결심했다고 한다. 이후 『해리 포터』는 역대 최고의 베스트셀러가 되어 출간 20년 만에 인세 수익 11억 8,000만 달러(약 1조 4,000억 원), 영화 수입 77억 달러(약 9조 2,000억 원)에 게임과 캐릭터 사업 등 총 300조 원이 넘는 수익을 올린 것으로 알려졌다.

작가들은 전통적인 출판 시스템에서는 자신의 원고가 출간되기 점점 어려워지고 있다는 것을 잘 알기 때문에 개인 출판 방식을 이용한다. 개인 출판 방식은 전통 출판에 반대하면서 진화했으며, 저자는 다양한 지역과 계층에서 원고에 대한 의견을 전달하는 독자들을 활용할 수 있다. 그러나 개인 출판은 출간 방식은 쉽지만, 성공적인 마케팅과 판매를 보장해주지는 않는다. 최고의 스토리라 할지라도 성공적인 마케팅이 없다면 수백만 개의 작품이 등록된 플랫폼에서 그대로 묻혀버릴 것이다.

모든 도서의 성공을 좌우하는 것은 독자층이 누구이고, 효과적인 도달 방법이 무엇인지를 파악하는 일이다. 모든 책은 독서 데이터를 수집해서 사람들이 얼마나 그 이야기에 빠져 있는지 알아내고, 책의 이상적인 독자가 누구인지 밝히기 위해 초기 독자 분석을 거친다. 이런 식으로 인키트는 베스트셀러의 잠재력을 지닌 소설을 식별하고 출판 전에 독자층에 대한 중요한 정보를 얻는다. 그리고 이러한 정보는 인키트의 출판팀이 매우 효과적인 마케팅 전략을 수립하는 데 활용된다.

인키트의 성과와 한계

인키트에서 성공적인 평가를 받는 작품으로 샬럿 레이건Charlotte Reagan의 데뷔작인 『저스트 줄리엣Just Juliet』이 있다. 이 소설은 출간 후 몇 시간 만에 아마존의 400만 개 도서 중에서 51위를 차지했고, 첫 9일 동안 아마존에서 별점 5점 리뷰를 100개 이상 받았다. 물론 이러한 성과는 인키트 작가로서 유일한 것은 아니다. 인키트가 출간한 책 중 90% 이상이 아마존 톱 100에 들었고, 작가들은 정식 출간 작가로서의 경력을 쌓게 됐다.

오랜 역사를 가진 출판 산업은 커다란 변화가 진행되고 있다. 점점 더 많은 작가가 출판 경로를 바꾸고 온라인과의 접점을 확대하고 있다. E. L. 제임스의 『50가지 그림자』 시리즈는 원래 팬픽션이었다. 앤디 위어의 『마션』은 웹사이트에서 온라인 연재물로 시작되었다. 이처럼 장르 문학이 온라인 글쓰기 플랫폼을 만나서 단숨에 베스트셀러에 오르는 사례가 이어지고 있다. 인키트의 모델은 저자가 자신의 작품을 보다 편리한 방식으로 출간하게 만들고, 더 많은 베스트셀러를 독자가 더 빠르게 발견하고 즐길 수 있도록 돕는다.

2018년 서울국제도서전에 인키트의 프로젝트 총괄 책임자인 니콜라스 델케스캠프가 참석한 바 있다. 당시 콘퍼런스 세션에서 그는 전 세계의 데이터 증가 그래프를 사례로 제시했는데, 지난 10년간 세상의 모든 데이터가 2년마다 2배씩 증가하고 있음을 보여주었다. 이러한 변화는 출판업계에도 중요한 지표라고 하면서 데이터 활용의 필요성을 강조했다. 특히, 사람들의 평가를 바탕으로 한 피드백은 가치 있는 데이터라고 주장하면서 인키트의 강점을 부각했다. 그는 "데이터가 어떻게 책을 찾아내고, 책을 어떻게 쓸 것인지 안내해주는 역할을 한다"고 말했다.[2]

더불어 인키트가 타깃 독자를 어떻게 설정해야 하는지 잘 안다는 점에서 기존 출판업계보다 앞서 있다고 강조했다. 기존에는 충분한 마케팅 과정을 거쳐야만 출판 경향을 알 수 있었는데, 인키트는 데이터를 통해 미리 파악하고 방향을 제시한다는 것이다. 출판 사업에서 인키트의 목표는 출간한 책의 99.99%를 베스트셀러로 만드는 것이라고 한다. 이렇게 자신 있게 주장할 수 있는 근거는 바로 인공 지능 기술이다. 책의 상업적 성공 가능성을 편집자가 아닌 인공 지능이 판단하는데, 체계적으로 구축된 데이터가 있기 때문에 인공 지능의 판단이 더욱 정확한 예측과 결과로 이어질 수 있는 것이다.

그렇다면 독자의 집단 지성을 활용한 출판 모델은 지속적으로 성공할 수 있을까? 아마존은 2014년 10월에 라이트 온Write On이라는 크라우드 소싱crowdsourcing 프로그램을 선보였다. 이것은 저자가 아마존 회원에게 원고의 초안을 공개하고, 의견을 받는 과정을 거쳐 독자가 선호할 만한 전자책을 출간하는 서비스다. 또 이미 완성된 작품을 보고 출간할 만한 책인지 독자들이 투표로 선정하는 프로그램인 킨들 스카우트kindle scout도 있었다. 두 프로그램 모두 독자들이 직접 출간에 참여함으로써 평가의 공정성과 투명성을 확보할 수 있었지만, 아쉽게도 종료되었다.

인키트가 데이터 알고리즘으로 여러 베스트셀러를 만들어내면서 새로운 출판 모델을 보여주고 있지만, 한계점도 분명히 느껴진다. 대부분 장르 문학 작가와 독자가 작품을 등록하고, 커뮤니티를 구성하고 있어서 다양성이 부족하다는 평가가 많다. 경제 경영, 인문, 과학 등 다른 분야의 경우, 장르 문학 소설에 비해 작품에 대한 피드백이 적고, 커뮤니티 참여율도 낮은 편이다. 따라서 데이터를 충분히 확보할 수 없기 때문에 실질적인 성과를 얻기 어려울 수 있다.

인키트는 4차 산업혁명 시대의 키워드인 빅데이터와 인공 지능을 출판계에 접목한 상징적인 플랫폼이다. 재능 있는 작가를 발굴해서 독자들의 평가로 성공시키겠다는 인키트의 목표와 의지는 다수의 가시적 성과로 증명되었다. 아마존은 포기했지만, 인키트는 지속되고 있는 것이다. 메이저 출판사들도 인키트의 데이터 기반 출판 모델에 관심을 보이고 있다. 편집자 중심의 원고 선정과 출판 제작 프로세스는 앞으로도 계속되겠지만, 시장에서의 성공 확률을 높이는 데이터 기반 모델은 더욱더 주목받을 것이다. 시대가 변화한 만큼 출판사도 변해야 살아남을 수 있기 때문이다. 이것이 베스트셀러 알고리즘을 통해 제2의『해리 포터』를 찾겠다는 인키트에 주목해야 할 이유다.

1 테크크런치,「Inkitt, a 'reader powered' book publisher, raises $3.9M to discover the next best-selling author」(https://techcrunch.com/2017/09/25/inkitt/)

2 엑스포츠뉴스,「Inkitt, '베스트셀러 알고리즘으로 제2의 해리 포터 찾겠다'」(https://news.naver.com/main/read.nhn?mode=LSD&mid=sec&sid1=105&oid=311&aid=0000868348)

모바일 환경과
스낵 컬처의 시대

스낵 컬처의 의미와 동향

요즘 해외 대형 출판사들의 사업 실적이 좋지 않다. 초대형 베스트셀러가 된 종이책이 없었고, 전자책의 판매 부진이 핵심 원인으로 분석된다. 2007년 아마존 킨들 출시 이후 전자책 매출은 매년 거의 30% 이상의 성장률을 보였다. 미디어 매체를 포함한 많은 이들이 예측 가능한 미래에 전자책이 종이책 시장을 넘어설 것으로 전망했지만, 대형 출판사의 전자책 판매는 정체된 상태다. 그리고 하드커버와 페이퍼백으로 판매되는 종이책이 여전히 시장의 주류를 형성하고 있다.

이제 종이책과 전자책의 시장 점유율 비교는 독자들에게 큰 관심거리가 아니다. 독자들은 종이와 디스플레이 화면을 넘나들며 텍스트 콘텐츠를 편리하게 즐기고 있기 때문이다. 종이책과 전자책은 서로 조화를 이루기 시작했으며 이것을 전자책 시장의 축소 현상으로 바라보는 것은 적합하지 않다. 디지털 기술

을 바탕으로 한 전자책은 모바일 시대가 일반화되면서 성장 가
능성이 계속 커지고 있다. 물론, 게임, 비디오 등 타 분야의 디지
털 콘텐츠와 치열한 경쟁 구도에 있지만, 양립하면서 성장을 기
대할 수 있다.

그렇다면 모바일이 촉발한 콘텐츠 시장은 어떻게 흘러가고
있을까? 국내외에서 스마트폰, 태블릿, 전자책 전용 기기 등 각
종 스마트 기계의 보급률은 빠르게 성장하고 있다. 미국 시장 조
사 기관인 퓨리서치Pew Research의 조사 보고에 따르면 우리나
라의 휴대전화 보급률은 100%로 나타났고, 이 가운데 스마트
폰 사용자가 95%를 차지해 조사 대상 국가 가운데 스마트폰 보
급률이 가장 높았다. 이는 선진국들의 중간값인 76%보다 20%
p 가까이 높다.[1]

콘텐츠 생태계 특성상 디지털 기기는 다양한 콘텐츠와 커뮤
니티를 실시간으로 이용할 수 있다는 점에서 매우 중요한 성장
요인이다. 종이가 아닌 디스플레이 기술을 통한 읽기와 쓰기의
변화는 그만큼 전자책과 각종 디지털 콘텐츠의 성장을 촉발시
켰다. 따라서 2010년대부터 본격화된 각종 스마트 기기를 기반
에 둔 콘텐츠 시장의 성장 가능성은 매우 크다.

또한 모바일 콘텐츠 시장에서 지속 가능한 성장을 만들기 위
한 사업 모델 수립과 시도는 계속되고 있고, 매년 모바일 중심의
콘텐츠 소비는 더욱 활성화될 것으로 보인다. 모바일 콘텐츠는
이동 통신 네트워크를 통하여 휴대용 기기로 전송이 가능한 디

지털 콘텐츠를 의미하는데, 최근에는 앱 형태로 확장되고 있다.

지난 10여 년간 모바일 중심으로 인프라가 급속하게 구축되었는데, 그 영향으로 고정된 장소에서 이루어지던 개인의 콘텐츠 소비 패턴이 바뀌고 있으며, 모바일 환경에서 소비되는 디지털 콘텐츠의 속성에도 많은 변화가 일어나고 있다. 특히 스마트폰은 지식 문화 및 엔터테인먼트 콘텐츠 사용자에게 이동에 따른 접근성과 가격 대비 성능에 대한 만족도를 높인다. 애플과 구글이 주도하는 앱 모델을 통해서 모바일로는 불가능할 것이라고 생각되었던 기술 구현이 가능해졌다. 따라서 출판, 음악, 교육, 게임 등 다양한 분야의 기획자들은 획기적인 기술 플랫폼에서 디지털 콘텐츠를 제작할 수 있게 되었다.

오늘날에는 셀프 퍼블리싱 플랫폼이 주목받고 있는데 독자가 기존 경로를 통하지 않고도 작가라는 경험과 가치를 느낄 수 있기 때문이다. 이는 온라인 디지털 콘텐츠 생산에서도 그대로 연결되는 사항이다. 일반 소비자가 콘텐츠의 생산자로 등장하고 유통까지 하는 모습을 우리는 쉽게 접할 수 있다. 그리고 이러한 경향은 SNS에서 가장 강하게 나타난다. 직접적으로 콘텐츠를 사고파는 것은 아니지만 스스로 콘텐츠를 제작하고 편리하게 공유한다. SNS 플랫폼을 제공하는 사업자들은 이들이 서로 소통할 수 있도록 실시간으로 연결해주면서 거래 수수료 또는 광고 수익을 창출한다.

또 아마추어 작가의 작품이 전자책으로 제작되고 입소문을 타면서 이슈가 되는 경우가 심심치 않게 있다. 상업적인 관점은 배제하더라도 모바일 기반의 콘텐츠는 소수에서 다수로 파급되는 속도가 오프라인과 비교할 수 없을 정도로 빠르다. 사업자 관점에서 이러한 모바일 플랫폼의 콘텐츠 유통력 확대는 경쟁 심화를 불러왔다. 국내에서는 주요 포털사들이 모바일 전용 콘텐츠를 서비스하는 플랫폼을 출시하고, 모바일 메신저 서비스를 강화하고 있다. 네이버와 카카오 등 대형 포털 사이트는 자사의 모바일 메신저를 다양한 콘텐츠 서비스와 연결하면서 시장 지배력을 강화하고 있다.

이러한 콘텐츠 시장의 트렌드는 디지털화, 모바일 기반, 융복합화로 요약할 수 있다. 스마트 기기의 보급이 가속화되면서 도서, 신문, 만화, 음악, 게임, 방송, 지식 정보 등 콘텐츠 이용의 중심이 오프라인에서 온라인과 모바일로 이동하고 있다. 그리고 콘텐츠 유통 양상도 재편되는 상황이다. 콘텐츠 사업자들은 콘텐츠를 이용하는 소비자들의 생활 양식 변화에 주목한다. 결국, 모바일 콘텐츠 트렌드의 변화는 프로슈머Prosumer적 성향이 강한 소비자로부터 시작되기 때문이다.

아마존의 킨들 스카우트와 킥스타터kickstarter의 크라우드 펀딩 등에서 볼 수 있듯이 소비자가 콘텐츠 생산에 미치는 영향력은 점점 강화되고 있다. 콘텐츠 생산에서 소비자의 경험과 의견 반영이 갈수록 중요해지고 있는 것이다. 모바일 기기가 확산되면서 콘텐츠의 다운로드 또는 클라우드 컴퓨팅 기술을 통한 스트리밍 서비스가 활성화되고 있고, 소비자들은 언제 어디서나, 어떠한 기기나 네트워크인지에 관계없이 모든 서비스와 콘텐츠를 이용하기를 바란다. 대다수의 전문가들은 이러한 현상이 앞으로 더욱 강해지고 확대될 것으로 전망한다. 디지털 기기, 플랫폼 등 인프라의 발전으로 인해 소비자들은 기기별, 기능별로 적합한 새로운 콘텐츠를 요구하고 있다. 그리고 이러한 소비자들의 디지털 생활 양식은 각자의 이용 환경에 최적화된 새로운 콘텐츠 시장을 창출하고 있다.

한편 모바일 시대가 되면서 '스낵 컬처'라는 키워드가 주목받고 있다. 모바일을 통해 15분 내외의 짧은 시간 동안 콘텐츠를 즐기는 문화를 뜻하는 스낵 컬처는 새로운 콘텐츠 소비 경향이 되었다. 웹툰, 웹소설, 웹드라마, 웹공연 등이 대표적으로, 이러한 웹 콘텐츠 시장은 전성기를 맞이하고 있다.

원래는 문화생활에 시간을 할애하기 어려운 현대인들이 점심시간 등과 같은 자투리 시간에 즐길 수 있는 지하철역, 병원 등에서 열리는 작은 음악회와 같은 문화 공연이나 레포츠를 지칭하는 용어였다. 그러나 본격적으로 스마트폰 사용이 일상화되면서 스낵 컬처의 개념은 확장되었다. 언제 어디서나 간편하게 사용할 수 있는 스마트폰은 항상 손에 가지고 다니며 커뮤니케이션 및 상거래가 가능한 최상의 기기다. 이렇게 모바일 기기는 우리의 문화생활을 즐기는 방식과 콘텐츠 형태까지 변화시키고 있다.

대표적인 스낵 컬처 콘텐츠

그렇다면 스낵 컬처 시대를 대표하는 웹 콘텐츠를 살펴보자. 우선 웹툰은 단순히 기존에 출판된 만화를 스캔해서 웹에서 보여주는 방식이 아니라, 처음부터 웹에서 최적화된 화면으로 볼 수 있게 제작된 만화다. 작가와 독자가 직접 소통하면서 독자의 취향이나 의견이 작품에 바로 반영되기 때문에 기존의 만화와는 다른 시장이 만들어졌다.

웹툰은 모바일 환경에서 쉽고 간단하게 소비할 수 있는 콘텐츠로서, 공유 속도가 빠른 점도 웹툰 시장의 성장을 주도하는 요인이다. 포털 사이트에서 대부분 무료로 서비스되는 웹툰은 OSMU 관점에서 종이책 출간, 드라마, 영화, 연극 제작 등 다양한 부가 가치를 창출한다. 대표적인 사례로 윤태호 작가의 〈미생〉, 강풀 작가의 〈순정만화〉 등이 있다. 포털 사이트뿐만 아니라 레진코믹스 등 웹툰 전문 플랫폼의 성장세도 만만치 않다. 그만큼 웹툰 독자를 확보하기 위한 경쟁이 치열해졌으며, 해외 진출도 본격적으로 추진되고 있다. 중독성 강한 콘텐츠가 모바일 사용자들에게 킬링타임용으로 선호되면서 웹툰의 인기는 계속 높아지고 있다.

간편하게 읽을 수 있는 웹소설도 모바일 이용자들에게 주목받고 있다. 기존에 종이책으로 출판된 책을 그대로 컴퓨터나 모바일용으로 변환한 것이 아닌, 모바일 환경에서 읽기 좋은 소재와 분량의 디지털 온리 Digital only 형태로 만들어진 콘텐츠로

— 교보문고 웹소설 플랫폼 '톡소다'

서 웹 콘텐츠와 전자책의 중간 단계로 볼 수 있다. 짧은 시간 동안 스마트폰이나 디지털 기기를 통해 읽히는 전자책은 로맨스, 판타지, 무협 등과 같은 장르 문학처럼 가볍게 읽을 수 있는 콘텐츠가 인기 있다. 이외에 웹소설에 삽화 또는 웹툰이 적절하게 들어간 웹툰 소설이라는 새로운 콘텐츠도 융복합 형태로 제작되는 등 모바일 환경이 만들어낼 수 있는 콘텐츠의 영역은 종이 위에서는 구현하기 어려운 것을 현실화하고 있다.

스낵 컬처에서 새롭게 부각되는 웹드라마는 재밌으면서 짧은 드라마를 시청하고자 하는 청장년층의 욕구를 충족시킨다. 출퇴근길에 손쉽게 볼 수 있는 10분 이내의 분량에 평균 5~10회 정도로 구성되며, 상대적으로 제작비가 낮고 TV가 아닌 웹으로

만 볼 수 있다. 또 모바일 네트워크 환경과 스트리밍 기술의 발전으로 대용량의 파일을 저장하지 않아도 쉽게 감상할 수 있다는 장점이 있다. 20대의 사랑과 취업, 일상을 다룬 문제에서부터 호기심을 자극하는 SF 장르까지 기존 TV 드라마와는 다른 매력을 보여준다.

네이버, 카카오, 아마존, 넷플릭스 등 드라마 제작 및 방송과는 거리가 먼 사업자들도 웹드라마에 공격적인 투자를 진행하고 있다. 플랫폼 사업자들은 드라마 대본 작가와 프로듀서, 배우를 섭외해서 콘텐츠를 직접 제작한다. 시리즈 형태로 구성해서 이용자들을 자사 플랫폼으로 끌어들이고 콘텐츠를 구입하게 한다. 이것은 모바일 환경을 적극적으로 활용하면서 콘텐츠 산업의 융복합 구조를 그들의 편으로 만들기 위한 전략이다. 카카오와 KBS는 웹드라마 육성 사업 제휴를 추진한 바 있다.[2] 유통사와 제작사의 강점을 결합해서 콘텐츠 시장의 주도권을 차지하기 위함이다. 다양한 주제와 형태로 구성이 가능하다는 점에서 포털이 가진 스토리 확보와 구성 능력은 웹 콘텐츠의 핵심적인 성공 요소가 될 것으로 보인다.

이렇게 짧은 시간에 가볍게 즐길 수 있는 다양한 콘텐츠가 제작되고 소비되면서 사람들의 성향도 스낵 컬처형으로 변하고 있다. 과거에 비해 책을 멀리하는 이유도 이러한 생활 양식 변화와 무관하지 않다. 그렇다면 출판계가 스낵 컬처 시대에 주도하거나 활용할 수 있는 것들은 무엇일까? 바로 문자와 이미지의 편집을 통해 스토리의 원천을 발굴하는 일이다. 대부분의 웹 콘텐츠는 스토리에 멀티미디어가 결합된 형태다. 따라서 개성 있고 매력적인 스토리는 모바일 콘텐츠 시대에 더욱 빛을 발할 수 있는 핵심 요소다. 종이에만 한정하지 않고 확장성을 고려한 콘텐츠 기획 역량을 갖춘다면 더 많은 수익을 창출할 수 있다.

앞으로는 원천 스토리를 가지고 있는 곳이 모바일 콘텐츠의 주도권을 쥐고 그 영향력을 넓힐 수 있다. 해외 출판계가 미래 성장 동력으로 콘텐츠 사업에 방점을 두는 이유도 이와 무관하지 않다. 앞으로 매출 중심의 성장에서 고부가 가치 창출을 통한 이익 확장으로 전략적 목표를 바꾸고자 한다면 모바일 콘텐츠 시장의 흐름에 주목해야 할 것이다. 모바일 환경과 이를 이용하는 사람들의 생활 양식은 출판계의 변화와 성장을 불러일으키는 활력소가 될 수 있다. 따라서 스마트폰을 독서를 방해하는 요인으로만 보지 말고 출판 콘텐츠 시장의 새로운 채널로 생각하는 전략적 시도가 늘어나야 할 것이다.

1 KBS뉴스, 「국민 95%가 스마트폰 사용… 보급률 1위 국가는?」(http://mn.kbs.co.kr/news/view.do?ncd=4135732)

2 PD저널, 「KBS 웹드라마에 새로운 수익구조를」(http://www.pdjournal.com/news/articleView.html?idxno=60218)

TV 크리에이터 시스템으로
새로운 출판을 만든다: 시리얼박스

시리얼박스의 시작과 현황

2015년 9월에 문을 연 시리얼박스Serial Box는 책과 TV 프로그램 방식을 결합한 플랫폼으로, 최고의 텔레비전 시리즈와 전자책·오디오북의 편의성을 결합하여 독자에게 새로운 형태의 스토리텔링을 제공하는 것을 목표로 한다. 미국 법무부의 전 변호사였던 줄리언 얍Julian Yap과 펭귄랜덤하우스의 글로벌 전자책 전략을 담당했던 몰리 바턴Molly Barton이 공동으로 창업한 시리얼박스는 완성된 형태의 긴 원고를 쓰면서 작가들이 겪는 어려움을 해소하기 위해서 시작되었다. 몰리 바턴은 출판사에서 다양한 소설가와 작업하면서 이러한 어려움의 존재를 깨달았고, 기성 출판 시스템을 통해서는 해결하기 어렵다는 결론을 내렸다.

그래서 TV 드라마처럼 내용이 짧게 이어지는 방식으로 작가들이 글을 쓰고 독자들도 드라마를 보듯이 책을 읽게 만드는 구조를 선택했다. 몰리 바턴은 "책은 너무 느리고 독서는 사람을 주눅 들게 한다. 현대인의 생활 양식에 딱 맞는 형식은 아닌 셈이다. 그래서 우리는 매주 조금씩 보여주며 독서의 즐거움을 찾도록 하고 싶다"[1]라고 말했다.

정보 통신 기술은 빠르게 발전하지만, 출판사와 작가가 독자에게 책을 전달하는 방식은 그 속도를 따라가지 못하고 있다. 그에 비해 TV의 스토리텔링은 더욱 정교해지고 다층화되었으며, 팟캐스트는 주류 미디어의 위치에 올랐다. 전자책은 각종 디지털 기술을 적용했지만, 이전보다 더 쉽고 재미있고 친화적인 매체는 아니다. 시리얼박스는 이러한 상황을 변화시키기 위해 최고의 텔레비전 시리즈와 전자책·오디오북의 편리함을 예술적으로 혼합해서 독자들에게 새로운 형태의 스토리텔링을 제공한다.

소설을 시리즈 형태로 서비스하는 시리얼박스는 중독성 있는 에피소드를 사용자의 디지털 기기에서 언제 어디서나 읽고 들을 수 있게 시스템을 구축했다. 시리얼박스에서 제공하는 소설 분야는 드라마, 코미디, SF, 판타지, 논픽션, 로맨스, YA young adult 등 다양하다.

시리얼박스는 재능 있고 수상 경력이 있는 작가들을 고용해서 팀을 만들고, 시리즈별로 최고의 캐릭터를 개발해 시즌 내내 독자를 사로잡는 이야기를 만들 수 있는 최고의 아이디어를 끌어낸다. 유명 작가와 기자 들도 시리얼박스에서 활동하

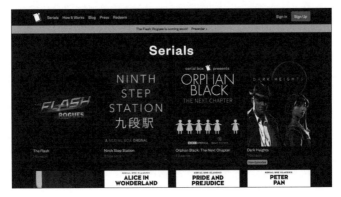

— 시리얼박스 홈페이지

는데, 총괄 크리에이터라고 할 수 있는 쇼 러너show runner 작가 70명 중 14명이 뉴욕타임스 베스트셀러 작가이고, AP통신 기자들은 〈1776〉이라는 역사 취재 시리즈를 연재하고 있다. 종이책, 오디오북, 전자책, 연재, 시즌제 등 경계를 허물어버리면서 콘텐츠를 종횡무진으로 활용한다.

시리얼박스는 작가별로 장르와 분량이 다양하고, 다음 편에서 어떤 일이 일어날지 궁금하게 만드는 재미있는 페이지 터너page turner를 만들어가고 있다. 즉, 미국 케이블 방송 HBO의 드라마처럼 매회 다이내믹하게 독자들을 몰입하게 하는 책을 만들겠다는 것이다. 시리얼박스의 첫 작품 중 하나인 「북버너스Bookburners」는 맥스 글래드스톤, 브라이언 프랜시스 슬래터리 등 쟁쟁한 작가들이 팀을 구성해서 만든 작품으로 유명하다. 총 5개 시즌으로 제작된 이 소설은 치명적인 마술이 담긴 위험한 책을 찾아 나서는 비밀 요원팀의 이야기를 그린 도시 미스터리 판타지물이다. 시리얼박스를 대표하는 작품으로 여전히 인기가 높고, 종이책은 아마존에서 별점 4.3점(5점 만점)을 받을 만큼 시장성을 인정받았다.

시리얼박스의 운영 전략

그렇다면 시리얼박스의 제작과 서비스 전략에 대해 구체적으로 살펴보자.

첫째, 시리즈 드라마처럼 작품을 연재한다. 완성작을 출간하는 것이 아니라 찰스 디킨스처럼 매주 한 회씩 1만 단어 정도의 분량으로 총 10~16주에 걸쳐 연재한다. TV 드라마로 딱 한 회, 책으로 두 챕터 정도이며, 읽는 데 40~60분 정도 소요된다. 매회 작은 결말이 있고, 에피소드가 모여 전체 스토리가 된다. 책 한 권이 드라마 한 시즌인 셈이다. 작가들도 TV 시리즈처럼 한 명이 통째로 완성하는 것이 아니라 철저하게 팀으로 움직인다. 전체 스토리를 이끌어갈 쇼 러너가 결정되면 3~4명의 작가가 합류해 팀이 된다. 매주 회의에서 주된 아이디어를 낸 작가가 돌아가면서 각 에피소드를 쓴다.

이러한 크리에이터 시스템은 집단 지성의 힘을 창작에 적용한 것이라고 볼 수 있다. 쇼 러너는 작가의 구성, 역할 부여 등 모든 과정을 지휘하는 총괄 크리에이터다. 원고의 마지막을 수정·감수해서 최종 작품을 완성해내는 것으로 책임을 다한다. 시리얼박스의 작품은 쇼 러너의 역량에 비례한다고 할 정도로 그들의 역할은 매우 중요하다.

둘째, 콘텐츠를 끊어지지 않게 계속 이어서 읽거나 들을 수 있다. 콘텐츠는 전자책과 오디오북으로 제공되는데 특징적인 것은 서로 연동된다는 점이다. 전자책으로 읽다가 만 부분부터 오디오북으로 이어서 들을 수 있고, 오디오북으로 듣다가 멈춘 부분부터 전자책으로 연결해서 읽을 수 있다. 넷플릭스에서 스마트폰, 태블릿 등을 넘나들며 그 장면부터 이어서 볼 수 있는 방식과 같다. 통상 오디오북은 그저 낭독해주는 경우가 많은데 시리얼박스는 자연스럽게 읽다가 들을 수 있게 음향 효과와 목소리 연기, 배경 음악 등에 신경을 많이 썼다. 작가들도 오디오북을 염두에 두고 캐릭터 목소리, 말투, 외투 색깔까지 꼼꼼하게 묘사한다.

셋째, 서비스를 구독하면 매주 수요일 아침에 전용 앱으로 푸시 알림을 보내준다. 매대 진열이 아니라 배달 서비스인 셈이다. 새 책의 첫 에피소드는 무료로 제공된다. 매주 월요일에는 '마이크로 픽션micro fiction'이라는 150자 이하의 스토리를 제공하는 푸시 알림을 보내준다. 시리얼박스의 인기 작품은 TV 시리즈처럼 시즌제로 나오고, 한 시즌이 끝나면 종이책과 팟캐스트로 재출간된다. 출판사가 종이책 한 권을 출간하고 끝내는 게 아니라 콘텐츠 코디네이터가 되는 셈이다.

시리얼박스 계정을 만드는 것은 무료이며, 모든 파일럿 에피소드는 무료로 읽거나 들을 수 있다. 유료 시리얼박스 콘텐츠는 각 에피소드를 0.99~1.99달러에 구매하거나, 시즌권(시리즈에 따라 16.99~22.99달러)을 구매하면 된다. 전체 시즌을 선결제하면 단일 시즌의 모든 에피소드를 할인된 가격으로 구매할 수 있다. 출시된 모든 에피소드는 즉시 라이브러리에 추가된다.

시리얼박스는 21종의 책을 출간했으며 유료 고객이 50만 명, 재가입률은 89%에 이를 만큼 성공적인 행보를 보이고 있다. 시리얼박스는 아이폰 iOS와 구글 안드로이드 전용 앱에서 디알엠프리 이펍DRM free epub, 킨들 에이제트더블유kindle azw, 피디에프PDF, 엠피스리mp3 파일로 다운로드해서 스마트 기기와 킨들 전용 기기를 통해서 이용할 수 있다.

시리얼박스는 찰스 디킨스의 연재 개념을 출판과 연결시켰다. 영국의 대문호 찰스 디킨스가 가장 사랑받는 작가가 될 수 있었던 것은 작품의 수준 만큼 탁월한 연재 방식을 사용했기 때문이다. 당시 작가들은 작품을 완성한 뒤 잡지에 연재했는데 그는 집필과 연재를 동시에 했다. 그러면서 작품의 호흡을 조절해가면서 독자들을 노련하게 조련했다. 디킨스는 연재 소설 방식을 처음으로 만든 작가로, 그의 전기를 쓴 헤스케스 피어슨은 "디킨스가 오늘날 살아 있다면 할리우드를 발아래에 둔 최고의 시나리오 작가로 군림했을 것"이라고 말하기도 했다.[2]

시리얼박스는 자사 홈페이지에서 "TV, 팟캐스트, 만화책 등에서 스토리텔링의 가장 큰 동력은 연재임이 입증되었다. 하지만 전자책은 아직 책 한 권을 기기로 옮겨놓은 것에 불과하다. 그래서 우리는 TV 시리즈와 전자책, 오디오북의 장점을 결합했다. 그 결과 이렇게 새로운 형태의 스토리텔링을 만들 수 있게 되었다"라고 밝히고 있다.

뉴미디어 시대에 스토리텔링의 힘은 더욱 강력해지고 있다. 이에 시리얼박스는 스토리텔링 성격이 강한 소설을 바탕으로 한 OSMU를 적극적으로 추진한다. 시리얼박스에서 출간한 『실버우드: 더 도어』의 원작은 웹드라마다. 각 에피소드가 완결된 단편 모음이었는데 〈엑스파일〉, 〈닥터 후〉의 스릴러 작가 브라이언 킨이 쇼 러너로 참여하면서 장편 소설로 바뀌었다. 이것은 시리얼박스를 통해서 TV 시리즈와 출판의 크로스 퍼블리싱이 진행된 모범 사례다. 또한 반대로 이 회사의 책도 쉽게 TV 시리즈로 제작할 수 있는데, 이렇듯 콘텐츠 형태를 변화시키는 것이 종이책보다 훨씬 유연하다.

이런 시리얼박스의 비즈니스 모델을 눈여겨본 투자자들의 본격적인 투자 행렬도 이어지고 있다. 2017년에는 베르텔스만 Bertelsmann의 회장인 리처드 사노프와 스웨덴 워드오디오출판 Word Audio Publishing의 대표인 마티아스 룬드그렌을 포함해 보트로커미디어 Boat Rocker Media와 엔젤 투자자들에게 160만 달러의 시드 머니 seed money를 투자받았다. 투자자들은 시리얼박스가 독창적인 연재 방식을 통해 최고의 출판 스튜디오가 될 수 있다고 기대했으며, 독자와 청취자를 위한 플랫폼을 지속적으로 구축하면서 상호 협력할 것을 강조했다.

〈뉴 퍼블릭The New Republic〉의 전前 디지털 미디어 편집자인 힐러리 켈리는 "연재 방식 스토리텔링의 성공은 독자가 완결된 작품에 대해 평가하는 일종의 주도권을 제거하는 것에서 비롯된다"라고 말했다.[3] 이 말은 소설의 긴장감 있는 전개 방식이 한 권에 모두 담겨 독자가 읽기를 조절할 수 있는 일반적인 완간 방식과는 다르기 때문에 가능한 것이다. 다음 편을 기다리게 만드는 스토리와 캐릭터의 힘이 있다면, 그 소설은 독자의 호응을 얻기에 충분하다는 의미로 해석된다.

시리얼박스에 대한 우려의 시선

시리얼박스의 연재 방식을 우려하는 목소리도 있다. 각 에피소드는 다른 작가에 의해 작성되기 때문에 원고의 수준과 연속성이 보장되지 않을 수 있다. 게다가 작가마다 캐릭터를 분석하고 스토리를 끌고 가는 속도의 차이가 글에서 나타나면 독자들에게 외면받을 가능성도 있다. 특히, 세부적인 장면 묘사와 캐릭터의 심리 전개는 자연스럽게 연결되어야 한다.

물론, 작가별 개성이 드러나는 에피소드를 약간씩 넣는 것도 필요하지만, 시리얼박스의 작품은 영상화(드라마/영화 등)되거나 팟캐스트 등 새로운 미디어 형태로 재생산되기 때문에 원작의 일관성을 유지하는 것이 중요하다. 전통적인 기승전결 구조보다는 에피소드별로 강렬한 캐릭터와 사건 구성을 선호하는 요즘 독자(이용자)들의 취향도 잘 맞춰야 한다. 각종 소셜 네트워크를 통해 수시로 작품에 대한 피드백을 전달하는 독자의 마음을 잡지 못하면 바로 순위에서 밀려난다.

따라서 한 작품에서 에피소드별 균형을 맞추는 일은 시리얼박스의 경쟁력에 핵심적인 요소로 작용한다. 스타일이 현저하게 다른 작가들이 있다면, 서로 조율하는 과정에서 엄청난 예술적 잠재력을 발휘할 가능성도 있다. 이처럼 시리얼박스는 하나의 작품이지만 시즌별로 특색 있는 사건을 등장시키고 새로운 캐릭터를 투입하는 등 각종 TV와 영화 시리즈 제작의 노하우를 접목하고 있다.

시리얼박스뿐만 아니라 공동 집필에 대한 논의와 실험적인 작업이 출판계 곳곳에서 진행되고 있다. 장편 분량의 소설을 작가 스스로 높은 완성도로 집필하는 것도 좋지만, 공동 집필을 하는 편이 영상화를 고려한 양질의 스토리 제작에 수월하기 때문이다. 더불어 웹, 모바일을 바탕으로 콘텐츠 시장이 급성장하면서 가볍고 전개가 빠르며 영상화에 적합한 스토리에 이용자와 투자자가 몰려들고 있다.

시리얼박스는 장르 문학 전문 작가와 영상화 전문 작가의 참여도가 높은데, 텍스트 콘텐츠가 멀티 유즈로 확장될 가능성을 신뢰하고, 연재 소설을 즐기는 독자가 많이 모여 있기 때문이다. 매력적인 원작 소설이 만든 고부가 가치는 『해리 포터』
나 『왕좌의 게임』 시리즈 등으로 이미 검증되었다. 따라서 작품
의 일관성과 가격 대비 성능이 높은 콘텐츠 서비스를 유지한다
면, 출판의 새로운 변화에 큰 상징이 될 것이다.

1 복스, 「Full Q&A: Serial Box CEO Molly Barton on Recode Decode」(https://www.
vox.com/2019/1/7/18171225/molly-barton-serial-box-books-ebooks-hbo-netflix-
serialized-kara-swisher-recode-decode-podcast)

2 티타임즈, 「독자들이 드라마 보듯 책 읽게 만들었다」(http://www.ttimes.co.kr/view.
html?no=2019012914337720721)

3 워싱턴포스트, 「Bring back the serialized novel」(https://www.washingtonpost.
com/opinions/great-expectations/2015/04/24/ad1e24a2-e916-11e4-9767-
6276fc9b0ada_story.html)

개인 출판
플랫폼의 확대

독립 출판 문화의 확산

디지털 기술이 발전하고 미디어 채널이 확장되면서 사람들은 모든 미디어를 자유롭게 활용할 수 있게 되었다. 출판 생태계도 예외는 아니다. 전문가의 영역이었던 출판 기획과 제작, 유통도 이제는 일반인이 더욱더 쉽게 접근할 수 있다. 자신의 책을 출간하고 싶은 작가들은 기성 출판사를 통하지 않고 저렴한 비용으로 종이책과 전자책을 출간할 수 있다. 물론, 출판의 형태를 갖추고는 있지만 콘텐츠의 수준과 상업적 성공 여부는 기성 출판과 직접 비교하기는 어렵다.

개인 출판 시스템은 미디어의 생성과 변화를 적극적으로 수용하는 출판 모델로 자리 잡은 상황이다. 종이책에서 전자책으로 출판 콘텐츠 형식이 확장되고, 출판 기회를 제공하는 서비스가 다양해지면서 작가들의 선택지도 늘어났다. 또한 출판 콘텐츠의 유통과 소비 채널이 온라인으로 빠르게 이동하고 비용 효율성이 강화되고 있다. 이런 분위기 속에서 작가와 독자의 거리를 좁히면서 작가에게는 높은 인세를 보장하고, 독자에게는 저렴한 가격으로 서비스하려는 플랫폼 사업자 간의 경쟁도 만만치 않다.

이러한 과정의 결과물인 독립 출판물은 개인과 소수 단체가 자신만의 독창적인 생각을 자유롭게 펴내는 콘텐츠다. 일반적으로 책을 제작하는 구조는 동일하지만, 기성 출판사와 서점 유통 경로를 거치지 않는 출판 활동을 흔히 독립 출판이라고 부른다. 이것은 기본적으로 상업성을 떠나서 창의적이고 실험적인 것을 다루는 인디Indie 문화의 범주에 속한다. 즉, 출판계의 인디 문화가 독립 출판 방식으로 발전한 것이다. 작가와 제작자는 자신의 주제 의식을 표현할 수 있는 새로운 출판물을 생산하는 방법으로 독립 출판을 선택한다. 독자들은 관습적이고 일관된 형식의 콘텐츠가 아닌 소장 가치가 있는 한정판이란 측면에서 독립 출판물의 가치를 높게 평가한다.

독립 출판 과정은 생각보다 까다롭지 않다. 종이책의 경우, 개인이나 소수 단체의 특정 원고를 가지고 인쇄 제작사를 통해서 바로 만들어진다. 소량 인쇄가 가능한 전문 인쇄소를 이용하면 종이와 판형 등에 따라 차이가 있지만, 통상 500부 제작할 때 100~200만 원 내외로 가능하다. 초기 독립 출판물은 ISBN을 등록하지 않고 출간하는 경우가 많았다. 이는 문헌적 보존 기능과 일반 도소매 유통 과정을 크게 상관하지 않았기 때문이다.

기존의 출판 사업 방식에서 보면, 그리 필요하지 않은 관행처럼 보인다. 그러나 상업 출판으로 진입을 원하거나 매스 마켓Mass market 진출이 쉬운 중대형 서점과 독립 출판 플랫폼에서 책 판매를 원하는 독립 작가들이 점점 많아지고 있다.

편리한 독립 출판 방식

그렇다면 개인 출판이라는 제작 관점에서 독립 출판 책이 어떻게 제작되는지 구체적으로 알아보자. 개인 출판의 절차는 상업 출판과 크게 다르지 않다. 그러나 작가가 혼자서 많은 일을 해야 하기 때문에 편리함과 복잡함이 공존한다.

개인 출판의 성장을 이끄는 가장 큰 힘은 바로 출판 제작 기술의 변화에서 시작된다. 개인 또는 소수 단체의 창작물을 책의 형태로 만들기 위해서는 기본적인 원고 편집 소프트웨어가 필요하다. 어도비 인디자인Adobe InDesign, 쿼크익스프레스QuarkXPress 등 전문적인 출판 프로그램도 있고, 아래아한글, MS워드 등 일반 문서 제작 프로그램도 원고 편집에 사용된다.

일반인들의 컴퓨터 활용 능력이 향상되면서 초급 수준은 개인이 직접 다룰 수 있다. 중급 이상의 출판 편집을 원하면 시중의 여러 출판 편집 디자인 교육을 통해 역량을 갖추면 된다. 무엇보다 개인 출판 서비스를 지원하는 플랫폼에서는 제작 툴을 무료로 제공한다. 저렴한 비용으로 종이책과 전자책을 제작해

주는 전문 대행사도 많다. 소량 인쇄를 가능하게 한 주문형 인쇄의 수준 개선과 제작 원가 절감도 개인 출판 활성화의 핵심 요인이다.

한편 2000년대부터 개인 작가를 위한 출판 서비스 플랫폼이 속속 등장하면서 국내에서도 독립 출판이 본격적으로 시작되었다. 세계 출판 시장을 좌우하는 아마존은 크리에이트 스페이스create space를 통해서 자체 출판 사업을 시작했다. 출판사를 거치지 않고 개인 블로그북, 사진과 글을 결합한 포토북, 여행 후기를 엮은 가이드북 등 다양한 출판물이 제작되었고 아마존 스토어에서 판매했다. 초기에는 개인 만족을 위한 출판이 대부분이었지만, 상업성이 높게 평가된 작품이 점점 많아졌다.

기성 출판사에서 작가에게 직접 연락해 종이책 출간 계약을 체결하는 경우도 점차 늘고 있으며, 종이책 제작과 유통에 따른 비용과 관리 부담을 아마존의 POD 서비스를 통해 해결하는 중소형 출판사도 늘어났다. 이후, 개인 출판이 상업 출판의 성격까지 띠면서 아마존은 킨들 전자책 사업에도 개인 출판 모델을 접목했다. 이렇게 등장한 아마존의 KDP는 편리한 툴 제공, 높은 인세율 보장, 강력한 마케팅 지원 등으로 다수의 개인 작가를 끌어들였다. 아마존 킨들에서 판매되는 전자책의 40% 정도는 KDP를 통해서 제작된다.

KDP 프로그램에서 작가 등록을 마치면 약 30분 안에 킨들 버전의 전자책을 만들고, 개인 출판사 및 ISBN 등록까지 일괄적으로 처리할 수 있다. 이미 종이책이 출간된 전자책의 경우에는 판매 시 아마존이 판매 정가의 60~65%를 가져가고, 나머지를 출판사와 작가가 나눠 가지는 구조다. 하지만 작가가 직접 아마존과 계약하고 KDP를 통해 출간하면, 작가는 판매 정가의 최대 70% 수익을 보장받을 수 있다. 이는 애플이 앱스토어에 등록된 앱 개발자에게 제공하는 수익 배분율과 동일하다. 개인 전자책 출판의 수익 구조를 앱 비즈니스 모델에 적용한 것이다. KDP는 판매 내역을 고객이 구매함과 동시에 작가에게 제공한다. 이제 개인 출판 작가는 아마존의 세일즈 대시보드를 통해 매출과 정산 내역을 실시간으로 확인할 수 있게 되었다.

국내 개인 출판 플랫폼 현황

국내에도 여러 개인 출판 플랫폼이 서비스 중이며, 종이책과 전자책 서점 사업자들이 주도하고 있다. 또한 종이책 소량 주문 제작, 전자책 이펍 제작을 대행하는 전문 사업자와 프리랜서도 시장에서 활발하게 움직이고 있다. 우선, 2011년부터 시작한 교보문고의 퍼플PubPle은 누구나 손쉽게 책을 출간할 수 있는 개인 출판 서비스다. 출판사에 투고되는 원고의 상당수가 거절되고 있는 상황에서 신인 작가, 파워 블로거, 전문 학술서 저자 등이 퍼플 서비스를 통해 자신의 원고를 직접 종이책과 전자책으로 출판하고 있다.

퍼플은 해당 홈페이지에서 작가 등록 계정을 만들면 무료로 이용할 수 있다. 관리자의 승인을 받아 등록이 완료되면, 마이퍼플MY Pubple을 통해 전용 디자인이 적용된 자체 제작 툴을 이용해서 출판하려는 원고를 PDF 파일로 제작할 수 있다.

퍼플 POD 방식으로 출간되는 종이책은 교보문고 온·오프라인 매장과 외부 제휴 채널에서 검색, 진열 및 판매가 가능하다. POD 판매 단가는 판매 신청 승인 후 선택한 템플릿 옵션(제작 사양)에 따라 정해진다. 전자책 제작과 유통은 제휴 사이트인 e퍼플epubple을 통해서 진행되고, 작가는 전자책 판매시(10개 이상의 국내 전자책 서점 유통) 정가의 20%를 인세로 받을 수 있다. 정산 내역은 요일별로 작가가 직접 확인할 수 있다.

2014년부터 시작한 부크크Bookk는 일반인을 위한 책 만들기(종이책과 전자책)와 전문 작가를 위한 작가 서비스를 제공한다. 책 만들기의 순서는 원하는 책 형태 선택, 원하는 규격·표지 재질·날개 유무 선택, 페이지 수 입력, 원고 등록, 표제·부제·저자명 작성, 도서 제작 목적 선택, 표지 디자인 선택, 소비자 가격 입력, ISBN 등록(무료 대행), 책 정보 확인 및 카테고리 선택, 5일 내로 전체 원고 사항 확인·편집 및 승인 여부 결정, 출판 완료의 순으로 진행된다.

작가 서비스를 이용하면 출판 관련 외주 업체들의 포트폴리오를 보고 원하는 업체를 선정해서 책을 만들 수 있다. 일정 금액을 내면 고급 표지, 표지 디자이너, 내지 디자이너, 교정·교열 관련 고급 템플릿을 사용할 수 있고 전문가들과 협력할 수 있다. 작가 서비스의 순서는 상품 목록 확인, 작업 기준 확인, 상품 선택 후 선결제, 작가 서비스 구매, 진행 상태 확인, 시안 확인, 판매자와 조율 후 최종 결정, 책 만들기 클릭, 구입한 디자인에서 상품 선택, 출판 완료의 순으로 진행된다. 이후 홈페이지에 마련된 서점 코너를 통해서 부크크에서 제작한 책을 편리하게 구입할 수도 있다.

2019년 10월 현재 12,000여 명의 작가가 활동 중이고, 승인된 도서는 12,150여 개다. 부크크는 글쓰기 플랫폼 카카오 브런치와 제휴해서 서비스 채널을 확장시키고 있다. 브런치 작가는 30개 이상의 글을 발행하면 이를 출판 양식에 맞는 원고 형식으로 다운로드할 수 있다. 그리고 작가는 자신의 글을 가지고, 부크크에 접속해서 브런치 작가임을 인증하면 출판 신청을 편리하게 할 수 있다. 이렇게 전문 개인 출판 플랫폼과 대형 포털사의 협력은 출판 생태계 발전에 긍정적인 효과를 불러오고 있다.

아마존, 교보문고, 부크크 이외에도 개인 출판 제작을 지원하는 플랫폼(제작 툴 포함)으로 반스앤노블 프레스Barnes&Noble press, 애플의 아이북스 오서iBooks Author, 코보의 라이팅 라이프 Kobo Writing Life, 룰루닷컴, 이슈Issuu 등 해외 서비스와 한글과컴퓨터의 위퍼블Wepubl, 에스프레소북Espressobook, 북랩Booklab 등 국내 서비스도 주목받고 있다.

에스프레소 북 머신도 개인 출판의 새로운 혁신을 불러왔다.

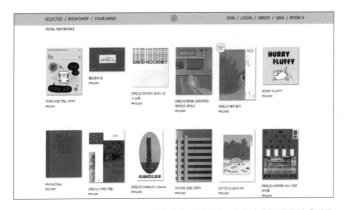

— 독립 서점 유어마인드에서 판매 중인 독립 출판물

고속 프린터와 제본기를 결합한 소형 인쇄 장치로 즉석에서 5~10분 이내에 일반 단행본 한 권을 제작할 수 있다. 본체와 연결된 네트워크에서 원하는 종이책 PDF 파일을 선택하거나 직접 원고를 등록하고 제작 버튼을 누르면, 이후 모든 과정은 자동으로 진행된다. 서점에 책을 쌓아두고 판매하는 것보다 재고 관리 부담이 적고, 절판 도서 복간을 원하는 독자의 만족도를 높이며, 개인 작가도 신선한 출간 경험을 할 수 있다. 또한 소량만 제작해 독자들의 초기 반응을 확인할 수 있는 방법으로도 활용된다.

인디 문화 콘셉트의 독립 출판 정신과 셀프 퍼블리싱 플랫폼 기반의 개인 출판 모델은 갈수록 미래 출판의 대안이 되고 있다. 출간을 경험하고 싶거나 출판업계에 관심을 가지는 사람이 늘어나면서 서비스를 지원하는 전문 업체도 생겼다. 그리고 누구나 쉽게 독립 출판의 길을 걸을 수 있게 알려주는 〈스스로 독립출판의 모든 것〉, 〈출판·편집 처음학교-편집자되기〉, 〈텀블벅으로 독립출판하기〉, 〈독립출판제작스터디〉, 〈인디자인 독립출판 워크숍〉 등과 같은 전문 강좌가 개설되고 있으며,『지금 여기 독립출판』,『우리, 독립출판』 등 가이드북도 다수 출간되고 있다.

개인 출판 방식으로 독립 출판 정신을 지향하는 콘텐츠 생산자들은 디지털 미디어 환경에 친숙한 소비자들이다. 독립 출판의 자생력은 규격을 깨는 다양성에서 나온다. 전문성이 떨어진다는 평가도 많지만, 오히려 그것이 독립 출판만의 매력으로 느껴진다.

독립 출판물만 판매하는 전문 서점과 서울아트북페어 언리미티드 에디션 행사 등 각종 독립 출판 커뮤니티의 인기도 높아지고 있다. 종이책과 전자책을 넘나들며 각자의 개성을 살린 출판물은 작가 개인의 만족에 그치지 않고, 독립 출판 제작 시장을 활성화하는 역할을 한다.

이제 미디어 생산과 수용, 전파는 매스mass에서 마이크로micro로 이동했고, 소셜 미디어 환경에서 인플루언서의 영향력이 커지고 있다. 독립 작가들은 스스로 문제를 해결할 수 있는 플랫폼과 소셜 미디어를 통한 독자와의 커뮤니케이션을 즐기고 있다. 이러한 활동은 독립 출판에 대한 대중의 시선을 바꿀 것이다. 기성 출판사도 독립 출판 작가를 현재의 시선으로 보지 말고, 더욱

더 중장기적인 관점에서 협력의 대상으로 바라볼 필요가 있다. 이들을 기존 출판계에서 담아내기 어려운 기발한 아이디어를 접목하고, 새로운 기획 출판을 위한 실험과 도전의 영역으로 인식해야 할 것이다.

3장

미디어, 모바일, 마케팅의
새로운 시도들

소셜 리딩과 독자 커뮤니티의 시대
: 굿리즈

굿리즈의 시작과 현황

아마존 창업자 제프 베조스는 "플랫폼을 가진 기업이 시장의 룰을 지배한다"며 모든 사업 영역에서 플랫폼의 중요성을 강조했다. 온라인 서점으로 시작한 아마존이 세계 최고의 기업으로 성장한 이유는 강력한 플랫폼이 되기 위한 핵심 역량에 집중했기 때문이다. 플랫폼은 이용자가 상품과 서비스를 접할 수 있는 전체 구조를 의미한다. 대부분 오프라인과 온라인에서 거래 가능한 구조로 설계되어 있고, 다양한 네트워크를 통해 이용자 커뮤니티를 강화하는 방향으로 성장하고 있다. 플랫폼이 제대로 운영되기 위해서는 이용자의 지속적인 선택과 활동이 필요하다. 출판을 기준으로 생각하면 독자가 관심을 가지고 적극적으로 활동하게 하는 구조가 만들어져야 한다.

요즘에는 완성된 책의 형태가 아닌 연재 방식이나, 짧은 시간 동안 가볍게 콘텐츠를 이용할 수 있는 스낵 컬처가 인기를 얻고 있다. 독자를 중심에 두고 책의 발견성과 연결성을 강화해야 한다는 목소리가 높아진 이유가 바로 여기에 있다. 독자의 선택지가 다양해졌다는 측면에서 제대로 된 추천을 하고 책 이야기를 할 수 있는 편안한 공간의 필요성도 높아졌다.

이러한 상황을 충족시킬 수 있는 대안으로 주목받는 것이 바로 소셜 리딩 커뮤니티로, 나만의 독서가 아닌 우리의 독서로 확장된 세계다. 소셜 리딩 커뮤니티는 여러 가지가 있지만 그중 굿리즈Goodreads가 대표적인 성공 모델로 평가받고 있다. 2006년 여름, 오티스 챈들러는 자신이 읽은 모든 책과 친구의 책장을 탐색하면서 리스트를 비교했다. 읽고 있는 책과 읽었던 책을 가지고 다양한 질문을 주고받으며 토론을 벌였다. 그러면서 다른 사람들과 온라인에서 책 이야기를 나눌 수 있는 곳이 생기면 좋겠다는 생각을 떠올렸다. 자신의 책장을 공유하고 다른 사람과 책에 대한 리뷰와 추천 이야기를 자유롭게 할 수 있는 소셜 네트워킹 플랫폼 구축에 대한 아이디어다. 이후 오티스 챈들러는 2007년 1월에 굿리즈를 정식으로 오픈했다.

굿리즈의 목표는 "사람들이 좋아하는 책을 발견하고 공유할 수 있도록 하는 것"이다. 2019년 10월 현재 굿리즈의 회원은 총 9,000만 명, 서재에 추가된 책은 26억 개, 등록된 리뷰 수는 9,000만 건에 달하며, 세계 최대 규모의 책 추천 웹사이트로 성장했다. 2016년 4월, 굿리즈 리뷰 5,000만 건 돌파 기념으로 만든 인포그래픽을 보면 흥미로운 이야기가 많다. 당시 가장 많은 리뷰가 달린 책은 수잔 콜린스의 『헝거 게임』으로 총 149,761개였다. 회원들의 직관적인 평가를 볼 수 있는 별점의 경우, 등록된 모든 책의 37%가 5점 만점의 평가를 받았다. 가장 많은 호응을 얻은 리뷰어는 『그레이의 50가지 그림자』에 관한 리뷰를 남긴 '카트리나Katrina'라는 회원으로 총 18,675건의 좋아요likes와 5,547건의 관련 코멘트가 달렸다.

오티스 챈들러를 포함한 굿리즈의 직원들은 대부분 책 애호가다. 그들은 독서와 기술에 대한 열정을 바탕으로 한 팀워크를 갖추고 있으며, 출판업계의 혁신적 변화를 위해 책과 사람을 연결하는 방법을 고민하고 기술 개발에 매진했다. 그리고 2013년 4월, 아마존이 굿리즈를 1억 5,000만 달러에 인수한다고 발표하면서 폭발적인 성장이 예견되었다.[1]

당시 아마존은 회원별로 특화된 온라인 도서 추천 페이지인 셸파리Shelfari를 운영하고 있었는데, 굿리즈를 인수한 이후에는 서비스를 중단했다. 아마존은 굿리즈의 넓은 사용자층에 주목했다. 페이스북, 트위터 등 다른 SNS와 연결이 자유로웠고, 이미 자체 회원을 많이 보유하고 있었다. 오프라인 서점이 없어지면서 점점 많은 사람이 지인의 추천이나 미디어를 통해 책을 접하고 있다. 그리고 이러한 추천들은 대부분의 경우 굿리즈에서 활동하는 애독가들의 서평에서 시작된다. 아마존이 인수한 이후, 굿리즈는 회원 가입자 수가 2배 이상 증가했고, 소셜 리딩 플랫폼을 선도하는 위치에 올라섰다. 굿리즈 회원들은 개인 서재의 읽고 싶은 책 코너에 초당 4권 이상의 책을 추가하는 등 자발적으로 커뮤니티에 참여함으로써 소셜 리딩의 매커니즘을 가장 잘 보여주고 있다.

굿리즈의 효과적인 활용법

그렇다면 굿리즈를 처음 이용하는 독자가 플랫폼을 효과적으로 활용할 수 있는 5가지 방법을 알아보자.

첫째, 자신의 책장에 맞춤 기능을 설정한다. 회원의 개인 책장은 기본적으로 읽은 책read, 읽고 있는 책currently-reading, 읽을 책to-read으로 구분된다. 책장에 담긴 책 목록에는 추천을 위한 알고리즘이 적용되면서 네트워크 구조를 완성한다.

둘째, 지인들의 독서 진도율과 별점 평가에 관심을 가진다. 굿리즈는 다른 소셜 네트워크 서비스와 연동해서 지인을 찾고 초대할 수 있다. 이름과 이메일로도 등록된 회원을 찾을 수 있다. 굿리즈 커뮤니티의 타임라인에서 처음 친구 관계를 맺는 경우도 많은데, 이를 통해 책에 집중된 새롭고 확장된 커뮤니케이션이 가능해진다.

셋째, 섹션별로 맞춤형 추천 기능을 설정한다. 자신이 좋아하거나 궁금한 분야를 사전에 선택하면 굿리즈의 추천 엔진이 독서 욕구를 자극할 만한 책을 추천한다. 출판사와 저자가 만든 서재와 프로모션 페이지를 통해서도 다양한 책을 추천받을 수 있다.

넷째, 북클럽에 가입하거나 북클럽을 만든다. 굿리즈에는 2만 개 이상의 북클럽이 개설되어 있다. 지역과 관계없이 온라인을 통해 책벌레라고 불리는 사람들과 적극적으로 토론하거나 대화할 수 있다. 스스로 카테고리와 주제를 정해서 북클럽을 직접 개설할 수도 있다.

다섯째, 마음에 드는 문장을 개인 서재에 저장한다. 책을 읽다가 밑줄을 치거나 기억하고 싶은 문장을 별도로 개인 서재에 저장할 수 있다. 저작권이 허락하는 범위 내에서 인용한 문장은 개인 섹션을 만들어서 친구들과 공유할 수 있다.

굿리즈는 2009년부터 '회원들이 선정하는 올해의 책'이라는 이름으로 연말 이벤트를 진행하고 있다. 회원들이 직접 분야별로 우수 도서를 평가하고 종합 목록으로 발표한다. 굿리즈의 '올해의 책'은 출판사와 서점이 만들기 어려운 독자 주도 이벤트라는 점에서 더 매력 있게 느껴진다.

2016년 4월에 리뷰 5,000만 개를 달성한 굿리즈의 성과는 책벌레형 독자들의 지속적이고 자발적인 참여가 있었기에 가능했다.[2] 전반적인 독서율은 떨어지고 있지만, 여전히 책을 좋아하는 사람들은 열정적으로 활동하고 있다. 이런 콘셉트로 독자들이 편리하게 사용할 수 있는 플랫폼을 제대로 갖추면 저자와 출판사, 서점, 도서관이 자연스럽게 연결되는 네트워크가 형성될 것이다.

아마존이 인수한 이후, 굿리즈는 단순한 온라인 독서 커뮤니티를 넘어 출판 콘텐츠 사업의 기반으로 성장했다. 굿리즈 회원들을 대상으로 한 저자와 출판사의 특별 이벤트가 진행되고, 오디오북 샘플을 활용한 책 소개도 들을 수 있다. 전용 애플리케이션을 통해 모바일에서도 편리하게 이용할 수 있고, 아마존 킨들에서도 "g" 버튼이 상단 내비게이션에 달려 있어서 연동하기도 쉽다.

아마존의 오프라인 서점인 아마존북스의 디스플레이를 결정할 때도 굿리즈의 데이터가 활용된다. 굿리즈에서 언급되는 도서와 작가에 대한 데이터는 아마존닷컴에서 확인되는 독자 평점, 도서 판매량, 분야별 큐레이터의 평가와 연결되어서 각종 디스플레이에 중요한 기준이 된다. 온라인에서 보이는 독자의 반응을 종합적으로 분석해서 오프라인에 반영함으로써 고객의 구매력은 더욱 커지고 있다.

이처럼 굿리즈는 독자가 책에 편리하게 접근할 수 있는 플랫폼으로 주목받고 있다. 저자와 출판사는 이러한 플랫폼을 가장 효과적으로 활용할 수 있는 방법을 고민하고, 플랫폼 사업자와 적극적으로 소통해야 한다. 신뢰를 바탕으로 협업이 이루어져야 출판 마케팅이 기대 이상의 성과를 창출할 수 있다.

그리고 이러한 출판 플랫폼은 언제 어디에서든 접근할 수 있는 형태로 구축해야 한다. 온라인·모바일이 오프라인과 연결되는 O2O Online to Offline 채널도 충분히 고려해 사업을 추진해야 한다. 또한 생산자(저자·출판사)와 소비자(독자)의 여러 접점을 통해 출판 콘텐츠의 발견성도 강화해야 한다.

이를 위해 무엇보다 다양한 소셜 미디어 플랫폼을 통해 독자들과 지속적으로 소통해야 하며, 생산자와 소비자 모두 어디에 비용과 시간을 투자할 것인지 고민해야 한다. 오프라인에서 온라인으로, 그리고 모바일로 출판 마케팅의 채널이 확장되고 있는 오늘날, 가장 중요한 것은 독자를 중심에 세워야 한다는 점이다. 책을 좋아하는 독자는 더 좋아하게 만들고, 무관심한 독자를 위해서는 책과 연결될 수 있는 매개를 지속적으로 만들어야 한다. 이제 소셜 네트워크 세계와 연결되지 않은 플랫폼은 성장할 수 없다.

2015년 IDPF(국제디지털출판협회)의 디지털 북 콘퍼런스

Digital Book Conference에서 오티스 챈들러는 발견 가능성에 대한 패널 토론에서 "우리는 매스 미디어에서 미니 인플루언서로 전환했다. 그들은 책에 대한 흥분을 유도하는 시작점이 된다"라고 말했다. 그가 언급한 미니 인플루언서는 빌 게이츠Bill Gates와 같은 유명 인사일 수도 있고, 다른 책을 추천하는 작가나 블로거일 수도 있다. 그들의 추천은 입소문 마케팅의 일환으로 연쇄적으로 이어지는 도미노 효과를 만든다.[3] 스마트한 저자와 독자의 움직임에 대해 출판사와 유통 플랫폼의 관심이 높아지고 있다. 시장에서 영향력 있고 주목할 만한 독자가 누구인지를 알고, 저자의 활동에 따른 마케팅 성과에 더욱 민감해져야 한다. 예를 들면, 마크 저커버그와 빌 게이츠가 추천하는 도서가 소셜 미디어를 통해 빠르게 확산되면서 출판 시장에 미치는 영향력은 매우 커졌다. 물론, 소셜 리딩 플랫폼을 통해 입소문이 나면서 발생하는 콘텐츠의 공유와 판매도 동일하다.

미니 인플루언서는 출판 시장의 변화를 주도하는 핵심 키워드가 되었다. 무수히 생성되는 굿리즈의 데이터는 미니 인플루언서의 중요성을 증명하고 있다. 결국 이용자의 데이터를 많이 보유한 플랫폼이 가치를 확대하기에 유리한 구조를 갖추게 된다. 작은 접점끼리 이루어지는 활발한 네트워크는 시너지 효과를 낼 수 있다. 이미 굿리즈에는 9,000만 명의 인플루언서가 활동하고 있다. 출판 플랫폼의 성공 모델로 성장하고 있는 굿리즈와 아마존의 연계성은 더욱 높아질 것이며, 책과 독자의 변화를 전망하고자 한다면 굿리즈를 가장 주목해야 할 것이다.

1 테크크런치, 「Amazon Acquires Social Reading Site Goodreads, Which Gives The Company A Social Advantage Over Apple」(https://techcrunch.com/2013/03/28/amazon-acquires-social-reading-site-goodreads/)

2 굿리즈, 「50 Million Reviews!」(https://www.goodreads.com/blog/show/634-50-million-reviews)

3 북비즈니스, 「HarperCollins, Goodreads & PRH on How the Book Discoverability Game Has Changed」(https://www.bookbusinessmag.com/article/harpercollins-goodreads-prh-how-book-discoverability-game-has-changed/all/)

소셜 미디어와 만난 소설의 변신
: 인스타노블[1]

인스타노블의 시작과 현황

2018년 8월, 뉴욕공공도서관이 인스타그램 계정에 인스타노블Insta Novels을 공개했다. 고전 문학 작품과 전문 아티스트의 삽화를 결합해 인스타그램에 최적화된 콘텐츠를 개발한 것이다. 인스타그램은 전 세계에서 10억 명이 넘는 사람들이 사용하는 디지털 플랫폼으로, 즉석에서 사진을 볼 수 있게 만든 카메라인 인스턴트instant와 전보를 보낸다는 의미의 텔레그램telegram을 합쳐서 만든 명칭이다. 즉, 인스타그램은 선이미지, 후문자image first, text second라고 표현될 만큼 시각 지향적인 구조를 갖추고 있다. 이러한 차별화 요소로 인해 인스타그램 사용자들은 기존의 다른 소셜 미디어 사용자들보다 이미지를 더 선호하는 특징을 보인다.

인스타노블은 맞춤형 일러스트와 비디오, 이미지를 추가한 책으로, 페이지를 넘기면 스크린 한구석에 작은 애니메이션이

나타나는 방식의 플립북Flip Book과 같은 형태다. 인스타노블 텍스트 페이지의 배경은 따뜻한 흰색이라서 눈이 편안하다. 인스타노블에 사용된 조지아Georgia 폰트는 그동안 인쇄물과 디지털 화면에 표시된 단어의 역사에 경의를 표하기 위한 의도로 선정되었다. 이것은 긴 형식의 텍스트를 읽기 쉽게 만들어주는 세리프serif 폰트 중 하나다.

인스타노블은 광고 크리에이티브 에이전시인 머더 뉴욕Mother New York에서 콘텐츠를 개발했고, 뉴욕공공도서관이 플랫폼 역할을 한다. 이것은 사용자가 분량이 긴 콘텐츠에 대해 어떤 관심과 이용 패턴을 보이는지 테스트하기 위한 목적으로 시작되었다. 뉴욕공공도서관은 소셜 미디어 기능을 사용해서 사람들의 독서 문화를 변화시키는 동력을 만들었다. 머더 뉴욕과 뉴욕공공도서관은 공동 성명서를 통해 인스타노블의 목표를 "세계에서 가장 고전적인 문학 작품을 대중이 더 쉽게 이용할 수 있게 만드는 것이다"라고 발표했다.[2]

뉴욕공공도서관의 디지털 미디어 디렉터 리체르트 슈노르는 인스타노블 제작 당시 "우리는 완전히 흥분했다. 아이디어가 결실을 맺기 시작했을 때 우리는 그것이 훌륭하게 완성될 것이라고 예상했지만, 우리의 기대를 뛰어넘었다. 머더 뉴욕에서 인스타노블의 콘셉트를 제안했을 때 문학과 도서관 세계에 디지털 기술과 매력적인 아이디어가 있는 강력한 파트너가 필요하다는 것을 인식했다"고 소회를 밝힌 바 있다.[3]

인스타노블의 첫 번째 작품은 루이스 캐럴의 「이상한 나라의 앨리스」로, 디자인 작업은 유명 아티스트인 마고즈가 담당했다. 파란 드레스를 입은 금발의 소녀가 눈처럼 생긴 곳을 향해 걸어가고, 길이 시계로 변하는 그래픽을 사용했다. 이후에 디자인 이미지는 텍스트로 대체되고, 오른쪽 상단 모서리에는 일반적인 책처럼 페이지 숫자가 배치된다. 오른쪽 아래에는 독자가 읽기 속도를 조절할 수 있는 아이콘icon이 있다.

머더 뉴욕의 CCO Chief Creative Officer 코리나 팔루시는 "우리는 인스타그램에서 새로운 종류의 온라인 소설을 위한 완벽한 책꽂이를 만들었다. 인스타노블은 읽는 동안 엄지손가락을 올리는 곳Thumb here에서부터 페이지를 넘기는 방식까지, 단번에 단행본을 읽는 것과 같은 경험을 제공한다"고 말했다.[4]

인스타노블은 기술적으로 인스타그램 스토리 기능을 활용했다. 모바일 기기에서 전체 화면을 이용할 수 있고, 스토리 텍스트와 사운드가 함께 재생돼서 몰입도가 높다. 각 페이지는 하나의 프레임 구조로 되어 있으며, 15초 동안 정지했다가 다음으로 넘어간다. 읽을 시간이 더 필요하면, 콘텐츠 페이지 오른쪽 하단에 있는 특수 아이콘에 손가락을 올려두면 일시 정지가 된다. 인스타그램 스토리는 젊은 사용자층이 압도적으로 많고, 해당 콘텐츠를 누가 사용했는지 쉽게 확인이 가능하다.

「이상한 나라의 앨리스」는 서비스 초기 이용자가 4만 명이 넘었고, 인스타노블로 인해 뉴욕공공도서관의 인스타그램에

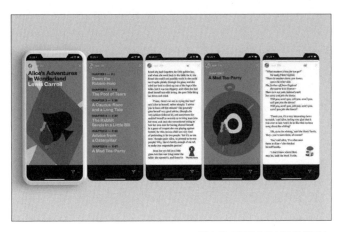

는 10만 명이 넘는 새로운 팔로워가 생겼을 정도로 반응이 뜨거웠다. 뒤이어서 나온 소설로는 샬롯 퍼킨스 길먼의 「노란 벽지」, 애드거 앨런 포의 「갈가마귀」, 프란츠 카프카의 「변신」, 찰스 디킨스의 「크리스마스 캐럴」이 있다.

　2018년 연말, 뉴욕공공도서관은 「크리스마스 캐럴」 출간 175주년을 기념하기 위해 특별한 인스타노블 제작 발표 행사를 진행했다. 1,200점이 넘는 디킨스의 자료를 소장하고 있는 뉴욕공공도서관은 2019년 1월 초까지 디킨스 크리스마스Dickens Christmas 행사를 주최했고, 작가의 자필 메모 등 특별한 자료를 포함한 무료 전시회를 운영했다. 오프라인과 온라인 콘텐츠와 볼거리가 자연스럽게 연결되는 행사에 인스타노블이 중요한 역할을 한 것이다. 유명한 고전 소설로 인스타노블이 제작되는 만큼 작품, 작가와 연계된 의미 있는 행사는 계속될 전망이다.

뉴욕공공도서관은 대중에게 문학에 접근할 수 있는 새로운 도구를 제공하기 위해 고민을 계속하고 있다. 인스타그램 스토리는 24시간 후에 사라지지만, 인스타노블은 메인 프로필 페이지 계정 정보 아래에 있는 하이라이트 바Highlight Bar에 모든 디지털 책을 추가한다. 이런 방식으로 뉴욕공공도서관의 인스타그램은 독자들이 언제든지 접속할 수 있는 책장으로 탈바꿈한다.

뉴욕공공도서관은 인스타노블의 전문을 볼 수 있는 프로젝트 구텐베르크Project Gutenberg와 심플리ESimplyE, 애플 앱스토어App Store 또는 구글 플레이Google Play에서 다운로드할 수 있는 전자책 앱 사용을 권장한다. 또한 뉴욕공공도서관 회원 카드가 있는 사람들은 베스트셀러에서 고전에 이르기까지 30만 종 이상의 전자책을 무료로 이용할 수 있다.

뉴욕공공도서관의 대외 관계 담당 수석대변인 캐리 웰치는 "인스타노블 사용자들이 편리하게 전자책을 사용하도록 지원하는 것은 전 세계의 지식을 모든 사람이 이용할 수 있게 만드는 도서관의 사명과 일치한다. 인스타노블은 디지털로 문학을 접하고 읽는 출입구라 생각하고, 인스타그램을 사용하는 많은 사람이 접근하길 바라고 있다. 뉴욕공공도서관의 주요 임무는 지역 사회에 봉사하는 것이지만, 소셜 미디어를 통해 도서관의 영향력이 도시와 주州를 넘어서길 바란다. 모든 지역의 사용자가 도서관을 드나들 수 있기를 희망한다"고 말했다.[5]

뉴욕공공도서관이 제공하는 소셜 미디어 서비스

뉴욕공공도서관의 웹사이트는 도서관 인터페이스 모범 사례로 불릴 만큼 카테고리 구성과 접근성이 뛰어나다. 도서관 정보와 뉴스가 카테고리별로 수시로 업데이트되며, 이메일을 통해 이용자들에게 각종 추천 도서와 도서관 소식을 제공하고, 페이스북, 트위터, 인스타그램, 유튜브, 텀블러에 공식 계정을 운영하고 있다. 소셜 네트워크 시대에 뉴욕공공도서관이 도서관의 이용자층을 넓히고, 다양한 콘텐츠 활용의 가치를 선보이고자 하는 시도는 인스타노블 외에 뉴욕공공도서관 추천 NYPL Recommends과 라이브러리 토크Library Talks에서도 엿보인다.

뉴욕공공도서관 추천은 페이스북을 통해 전문 사서가 직접 책을 추천하는 라이브 영상 콘텐츠다. 두 명의 진행자는 '사서에게 물어보세요Ask a librarian'라고 적힌 패널을 앞에 두고, 다양한 주제별로 맞춤형 책을 골라서 추천한다. 주로 책에 대한 간단한 설명, 작가와 장르에 대한 평가 등을 솔직한 대화를 통해 전달한다. 페이스북 라이브 채널의 특성을 살려 실시간으로 팔로워들과 댓글로 소통한다. 월 2~3회 정도 진행하는 이 프로그램은 시즌2가 나올 정도로 높은 인기를 얻고 있다. 매년 뉴욕공공도서관에서 추천하는 도서 목록은 타 도서관과 서점에서 참고 목록으로 사용되는 등 높은 신뢰도를 자랑한다.

뉴욕공공도서관 라이브러리 토크는 팟캐스트를 이용하는 프로그램으로, 뉴욕공공도서관이 좋아하는 작가, 예술가 및 사상

가와 함께 자유롭고 도발적인 대화를 나누는 오디오 콘텐츠다. 매주 1회 업데이트되는 라이브러리 토크는 280여 개의 에피소드가 등록되어 있으며, 애플 팟캐스트에서 평점 4.6점(5점 만점)을 받을 정도로 이용자들에게 좋은 평가를 받고 있다.

2010년대 들어서 트위터, 페이스북, 인스타그램, 핀터레스트 등의 소셜 미디어를 통해 이용자들과 교감하는 도서관이 늘고 있다. 오프라인 이용자 수가 적어지는 현상을 극복하기 위한 커뮤니케이션 전략의 일환인 것이다. 소셜 미디어는 하나의 브랜드 차원에서 도서관이 이용자와의 교감을 늘리고, 브랜드 가치를 높이는 데 매우 효과적인 채널이다. 특정 브랜드의 공식 계정을 이용하게 되면, 이후에 브랜드가 내보내는 다양한 정보에 자연스럽게 노출된다. 이에 따라 브랜드는 온라인 채널에서 존재감을 유지할 수 있고, 대중의 접근성을 높일 수 있다. 그만큼 해당 브랜드는 수많은 이용자를 대상으로 한 관계 중심의 커뮤니케이션 효과도 얻을 수 있다.

인스타노블 역시 뉴욕공공도서관의 브랜드 가치를 높일 수 있는 전략적 매체로 등장했다고 볼 수 있다. 내부에서 진행했다면 자원과 비용의 부담으로 추진에 어려움이 많았을 것이다. 크리에이터 전문가 그룹인 머더 뉴욕의 파트너 제안을 적극적으로 수용한 점은 한계를 넘어서고자 하는 내부의 뜻으로 해석된다. 도서관 특성상 고전 문학 작품의 방대한 수집과 활용이 수월하다는 점도 인스타노블이 안착할 수 있었던 중요한 요인이다.

도서관의 브랜드 커뮤니케이션 전략 차원에서 인스타노블의 확장은 의미가 있다. 따라서 도서관 사용자들이 더욱더 다양한 고전 작품을 소셜 미디어를 통해 이용할 수 있도록 많은 작품을 더 빠르게 제작할 필요가 있다. 2019년 10월 현재까지 제작된 작품들은 소셜 미디어를 통해 이용되는 각종 동영상, 디지털 음원, 게임 등의 콘텐츠보다 직접적인 이용 빈도와 시간이 적은 편이다. 텍스트 콘텐츠는 오디오나 비디오 콘텐츠에 비해 완전 이용률이 낮고 소비 시간도 길다. 따라서 인스타그램 핵심 사용자층의 특성에 맞는 콘텐츠 제작에 좀 더 집중해야 지속적인 방문을 유지할 수 있다.

그리고 밀레니얼 세대의 사회적 영향력이 높아지면서 그들에게 적합한 콘텐츠와 지역 사회에서 요구하는 콘텐츠를 개발하는 것도 과제다. 현재 인스타노블은 오랫동안 인기를 얻고 있고 저작권 문제가 해결된 '프로젝트 구텐베르크' 사이트에 있는 무료 고전 소설을 활용하고 있다. 앞으로는 현대 소설까지 범위를 확장하고, 부분 유료화를 통해서 도서관 기부금으로 사용하는 장치를 마련하는 것도 검토해볼 일이다. 콘텐츠가 축적되고 이용률이 높아진다면 인스타노블은 뉴욕공공도서관에 대한 관심도와 충성도를 높여주는 강력한 촉매제가 될 것이다.

사람들이 도서관을 먼지투성이의 책이 있는 낡은 건물로 인식하는 비율이 점점 높아지고 있다. 소셜 미디어 시대에 도서관이 만들어가는 성공 사례는 이러한 인식을 바꾸는 데 도움이 된다. 즉, 소셜 미디어를 통한 브랜드 커뮤니케이션과 콘텐츠 서비스는 도서관이 세상에 더 많은 가치를 제공하고 있음을 사람들에게 알린다. 그래서 "우리는 도서관의 답답한 이미지를 없애기 위해 노력하고 있다. 인스타노블처럼 어디서나 사용자들을 만나 이렇게 디지털 시대에 정통한 모습을 보여주는 것이다"라는 리체르트 슈노르의 말은 뉴욕공공도서관 브랜드에 대한 무한한 신뢰를 느끼게 한다.

1 이 글은 필자가 〈월간 국회도서관〉 2019년 7월 호에 기고한 「소셜 미디어와 만난 소설의 변신: 뉴욕공공도서관의 인스타노블 이야기」를 수정·보완하여 재수록한 것이다.

2 잇츠나이스댓, 「Mother and the New York Public Library are making classic literature accessible with a new series of Insta Novels」(https://www.itsnicethat.com/news/mother-new-york-public-library-insta-novels-scheme-digital-220818)

3 애드위크, 「How the New York Public Library Brought Novels to Instagram With Unexpectedly Huge Results」(https://www.adweek.com/creativity/how-the-new-york-public-library-brought-novels-to-instagram-with-unexpectedly-huge-results/)

4 디자인위크, 「New York Public Library and Mother turn Instagram into digital bookshelf」(https://www.designweek.co.uk/issues/20-26-august-2018/new-york-public-library-and-mother-turn-instagram-into-digital-bookshelf/)

5 뉴욕공공도서관, 「The New York Public Library introduces classic literature to "Instagram Stories" with Insta Novels」(https://www.nypl.org/press/press-release/august-22-2018/new-york-public-library-introduces-classic-literature-instagram)

멤버십 비즈니스와
출판의 연결

멤버십 비즈니스의 시작과 현황

산업의 중심이 제조 산업에서 서비스 산업으로 빠르게 변화하면서 경제활동의 중심도 공급자에서 수요자로 이동하고 있다. 특히 서비스 산업은 수요자를 위한 맞춤형 서비스에 관심이 집중되고 있다. 즉, 고객과의 관계 유지를 위한 서비스 차별화를 멤버십에 적용하면서 경쟁 우위를 확보하는 데 주력하는 것이다. 이로 인하여 멤버십 서비스는 다수의 고객 획득을 위한 매스 마케팅에서 맞춤형 고객 확보·유지를 위한 일대일 마케팅으로 비즈니스의 패러다임이 전환하고 있다.

원래 멤버십은 비고객을 고객으로 만들고 충성도를 높이는 일련의 마케팅 활동을 위해 만든 제도로, 유통사의 고객 유지 및 지속적인 성장을 위해 필요한 마케팅 데이터의 출발점이기도 하다. 멤버십은 고객과의 관계를 지속적으로 유지하기 위해서 로열티 마케팅을 활용한 고객 충성도 확보가 핵심이다. 즉, 로열티 마케팅은 고객 충성도를 활용해 기업의 새로운 비즈니스 영역을 확대하고, 수익성을 극대화하는 효과가 있다. 나아가 고객의 욕구에 부합하는 차별화된 서비스를 제공함으로써 멤버십의 경쟁력과 차별성을 높일 수 있다.

『멤버십 이코노미』의 저자인 로비 켈먼 백스터는 멤버십 비즈니스를 제품이나 거래가 아닌 고객을 중심에 두는 사업 모델로 규정했다. 기존과 비교해 방법만 달라졌을 뿐 고객은 여전히 소통을 원하기 때문에 기업은 그 고객과의 소통, 고객 간의 소통을 중심에 두어야 한다는 의미다. 이 책에서 그녀는 매슬로의 욕구 단계 이론을 사례로 들어 "사람은 궁극적으로 자아실현을 하고자 하며, 이 자아실현은 사람 간의 관계 속에서 가능하다. 멤버십은 바로 이러한 기본 욕구를 충족시켜주는 최고의 전략이며, 기본 욕구가 충족된 고객은 조직과 기업에 충성스러운 멤버가 되고, 멤버들의 성공이 다시 조직과 기업을 성공으로 이끌어간다"고 강조했다.

기본적으로 멤버십은 가입비 유료와 무료로 구분할 수 있는데, 무료 멤버십은 비용 때문에 파격적이고 차별적인 혜택을 제공하기는 어렵다. 유료 멤버십은 파격적 혜택을 주더라도 멤버십 비용으로 충당할 수 있는 범위에서 운영된다. 유료 멤버십은 진성 고객 비중을 대폭 상승시킬 수 있다. 특정 서비스가 필요할 경우, 고객은 본인이 유료 멤버십에 가입한 서비스부터 찾게 된다. 따라서 멤버십 서비스는 사용 빈도와 기간이 늘어날수록 무

료 이용자가 유료로 전환하거나 유료 이용자가 재가입할 확률
이 증가한다.

대다수의 유료 고객은 해당 서비스에 이미 매몰 비용이 발생
했기 때문에 높은 사용률을 보인다. 유료 멤버십은 서비스 기간
동안 고객 이탈 가능성이 낮고, 종료 시점에 집중적인 관리를 통
해 고객의 멤버십 유지가 상대적으로 쉬운 편이다. 서비스 이용
현황을 관찰해서 고객 만족도를 높일 수 있고, 체계적인 운영 지
원도 가능하다. 시장에서 성공하는 멤버십 비즈니스는 무엇보
다 고객의 관점에서 명확한 혜택 설계와 멤버십 비용을 웃도는
혜택 제공이 필요하며, 복잡한 사용 조건은 지양해야 한다.

가장 성공적인 멤버십 서비스의 사례는 아마존의 프라임 멤
버십이다.[1] 연간 119달러(USD)의 회비를 내면, 무료 배송 이외
에 각종 미디어 콘텐츠 이용 혜택을 주는데, 연회비를 웃도는 혜
택을 조건 없이 제공해서 성공을 거두었다. 프라임 고객은 일반
고객보다 구매 액수 및 횟수 면에서 각각 2배 정도 높고, 멤버
십 갱신율도 높다. 아마존 프라임 멤버십의 궁극적 목표는 혜택
이 매우 커서 고객이 가격을 따지지 않고 자연스럽게 가입하는
것이다. 아마존이 발표한 실적에 의하면, 프라임 멤버십은 출시
13년 만에 전 세계 회원 수 1억 명을 돌파했다.

넓은 의미에서 출판업계의 멤버십은 이미 신문과 잡지 시장
에서 정기 구독이라는 방식으로 일반화되어 있다. 하지만 구독
자를 확보해 안정적인 수익 구조를 맞추기 위한 단순한 수준에

불과하다. 책 중심의 출판업계도 대형 서점과 교육 학습 및 어린이 출판 분야에서 멤버십 서비스 방식을 채택하면서 사업에 활용하고 있다. 웅진씽크빅, 대교, 교원, 한솔 등의 학습지와 독서 논술 관련 북클럽 서비스가 대표적이다.

서점의 경우, 북클럽 회원 가입 또는 도서 구입 시 할인 및 마일리지 적립, 주차 요금 할인, 각종 행사 사전 안내 등의 혜택을 제공한다. 이미 교보문고와 예스24 등 국내 대형 서점은 1,000만 명이 넘는 회원을 확보하고 있을 정도로 서점의 멤버십은 큰 규모로 성장했다.

또한 유통 채널에 의존하지 않고, 출판사가 자체적으로 북클럽 형태의 멤버십 서비스를 추진하는 곳도 늘고 있다. 책과 굿즈, 이벤트를 연계한 출판사의 북클럽은 독자들에게 꾸준한 인기를 얻고 있는 멤버십 모델이다. 2011년부터 시작한 민음사의 민음 북클럽은 연회비 3만 3,000원을 내면 민음사 도서와 각종 상품을 할인해서 구입할 수 있고, 민음사 패밀리 데이 행사에 초대되는 등 혜택을 누릴 수 있는데, 누적 회원 3만 명 정도로 충성 독자층을 확보하고 있다. 마음산책은 2018년 1월 마음산책 북클럽이라는 독서 모임을 선보였다. 연회비는 5만 원으로 3개월에 1권씩 1년에 총 4권의 신간을 보내주고, 저자와 편집자, 대표가 직접 참여하는 오프라인 미팅도 진행한다.

2018년 3월, 문학동네도 북클럽 문학동네를 선보였다. 연회비 5만 원을 내면 시즌에 맞춰 자사의 도서 5권을 보내주고, 독서 모임에 초대해 독자와의 만남도 주선한다. 북클럽 회원을 대상으로 유명 저자가 지방에 찾아가는 북 콘서트도 개최한다.

이처럼 주로 문학 출판사를 중심으로 북클럽 방식의 멤버십 서비스가 활성화되는 이유는 감성 독자층이 많은 분야의 특성을 살리고, 지속적인 대화 채널을 만들고 싶다는 의지로 이해된다. 특히, 오프라인에서 책의 기획 의도와 제작에 관한 이야기를 나누면서 독자와의 친밀도를 높일 수 있다. 이는 안정적인 독자 네트워크 구축으로 연결되고, 독자가 출판사의 자발적 마케터 역할을 해줄 것을 기대할 수 있다.

한편 출판업계에 진입한 스타트업 회사의 멤버십 모델도 주목받고 있다. 우선, 트레바리는 4개월 단위 시즌제(회비는 19~29만 원)로 운영되는 독서 모임이다. 멤버 간 투표를 통해 정해진 책을 읽고, 한 달에 한 번씩 토론 장소인 아지트에 모여서 책에 대한 의견을 공유한다. 각 독서 모임은 클럽이라고 부르는데, 저마다 멤버들이 읽는 책의 주제가 다르다. 상당수의 모임은 사회 명사가 클럽장을 맡고 있다는 점도 특징적이다.

밀리의서재는 전자책 구독 서비스로, 월 9,900원으로 매달 10권 이상의 책을 볼 수 있다. 주요 베스트셀러부터 인문학, 자기계발서 등 2만여 권이 서비스 중이며, 유료 회원 수는 1만 명이 넘는다.

퍼블리는 그동안 축적된 양질의 콘텐츠를 기반으로 월 21,900원을 내면 모든 콘텐츠를 무제한으로 읽을 수 있는 멤버십 서비스를 제공한다. 단건으로 이용할 수 있던 프로젝트 콘텐츠가 종료되면서, 그것을 다시 읽고 싶다는 고객들의 요청에 의해 만들어졌으며, 고객과 커뮤니케이션이 긴밀하게 이루어진 사례다.

멤버십 기반의 비즈니스를 하기 위해서는 콘텐츠 업계의 성공 모델을 살펴볼 필요가 있다. 비디오 콘텐츠 시장을 주도하는 넷플릭스와 오디오 콘텐츠 시장을 주도하는 스포티파이Spotify가 대표적인 예다. 우선, 넷플릭스는 월정액으로 무제한 시청이 가능한 플랫폼으로, 시청자들로부터 큰 호응을 얻으며 세계적인 스트리밍 업체로 급성장했다. 넷플릭스는 고객의 요구에 맞는 3가지 스트리밍 멤버십(베이직/스탠다드/프리미엄)을 제공한다. 멤버십에 따라 동시에 스트리밍할 수 있는 기계의 수가 다른데, 이용자들은 맞춤형으로 제공되는 다양한 콘텐츠를 즐기고 있으며, 멤버십 재가입률이 90%에 이를 만큼 상당히 충성도가 높다.

스포티파이는 세계적으로 회원 수가 1억 5,700만 명, 유료 사용자가 7,100만 명에 이를 정도로 음악 스트리밍 서비스를 선도하고 있다. 스포티파이의 멤버십은 유료와 무료 두 종류가 있는데, 프리미엄 회원은 한 달에 9.99달러를 지불하고 광고 없이 고음질로 노래를 감상할 수 있다. 무료 회원은 이용 요금을 내지 않는 대신 노래 중간에 광고를 들어야 한다. 무료 멤버십을 써본 이용자는 직관적인 인터페이스, 음악 추천 서비스 등에 매력을 느끼기 때문에 유료 멤버십을 구입할 확률이 높다.

멤버십 비즈니스의 전략과 마케팅의 방점은 신규 멤버십 회원의 숫자를 늘리고, 재가입률을 높이는 데 집중되어야 한다. 이를 위해 모든 사업자는 회원들의 성향에 맞춘 콘텐츠 소싱과 자체 오리지널 콘텐츠 확보에 성패를 걸고 있다. 넷플릭스와 스포티파이의 멤버십 서비스에 텍스트 콘텐츠를 대입하면 출판 시장의 비즈니스 사례 분석과 전략 수립에 큰 도움이 된다.

이미 출판업계에서도 전자책과 오디오북 분야의 멤버십 비즈니스가 활성화되고 있는데, 아마존의 킨들 언리미티드와 오더블Audible이 대표적이다. 2014년부터 시작한 킨들 언리미티드는 월 회비 9.99달러를 내면 100만 권의 전자책을 한 달 동안 무제한으로 이용할 수 있다. 오더블의 프리 멤버십 서비스는 월 14.95달러를 내면 18만 권 이상의 오디오북 콘텐츠를 무제한으로 이용할 수 있다.

국내 출판 시장의 멤버십 비즈니스 방향

그렇다면 국내 출판업계에서 멤버십 비즈니스의 가능성은 어떠할까? 국가별로 차이가 있지만 출판 시장의 성장은 정체되어 있고, 전자책과 오디오북 등 디지털 콘텐츠 시장이 커지고 있지만 종이책 시장의 감소를 상쇄하는 수준은 아니다. 따라서 제한된 시장을 두고 출판사와 서점 간의 내부 경쟁은 갈수록 치열해지고, 타 콘텐츠 사업자와의 경쟁도 피할 수 없는 상황이다. 북클럽으로 멤버십 비즈니스를 실행하고 있는 출판사처럼 서점의 멤버십 정책과 커머스 전략에도 변화가 필요한 시점이다.

먼저 책의 발견성이 강조되는 시대에 맞게 멤버십 고객만을 위한 큐레이션을 고민하고 시스템을 재정비해야 한다. 매일 쏟아지는 다양한 읽을거리 사이에서 책의 가치를 돋보이게 하고 일대일 마케팅 차원에서 깊이 있는 큐레이션을 멤버십에 적용해야한다. 이를 통해 갖춰지는 역량을 활용해서 연령별 또는 관심사별로 서브스크립션 커머스를 도입할 필요가 있다.

서브스크립션 커머스는 잡지나 신문과 같이 정기 구독료를 지불하면 나만의 제품을 선별해 주기적으로 배달해주는 판매 모델로, 그 대상은 특정한 상품군에 구매 욕구가 있는 고객이다. 고객은 나에게 최적화해서 선별한 상품과 서비스를 통해 쇼핑에 대한 시간과 노력을 아낄 수 있다. 판매자는 특화된 상품과 서비스를 제공하면서 고정적인 매출과 안정적인 수익을 올릴 수 있다. 대표적인 사례로, 아마존은 프라임 회원을 대상으로 1,000권 이상의 인기 도서 및 잡지 중 추가 비용 없이 한 번에 10권을 킨들 앱으로 다운로드할 수 있는 프라임 리딩Prime reading 서비스를 제공한다. 또한 프라임 북 박스 키즈Prime book box kids는 회원만 이용할 수 있는 서브스크립션 커머스 모델로, 도서 전문 에디터가 연령대별로 종이책을 선별해서 보내준

— 아마존 프라임 북 박스 키즈 페이지

다. 유아에서 12세까지 총 4단계로 구분했고, 가격은 박스당 22.99달러다. 1개월부터 3개월 단위로 기간 설정이 가능하고, 구독 취소도 자유롭다. 박스당 하드커버 책 2권 또는 4권의 보드북(2세 이하)이 제공된다. 회원 입장에서 종이책 가격을 합산해보면, 약 35%의 할인 혜택을 받은 셈이다. 이미 스토리 박스The Story Box, 북크루Bookroo 등 키즈 북Kids book 서브스크립션 커머스가 활발하게 운영되는 상황에서 아마존이 강력한 경쟁 서비스를 선보인 것이다.

세계 출판업계는 생산과 유통을 병행하는 사업자가 늘어나고 온·오프라인 채널의 경계도 무너지고 있다. 전략적인 멤버십 구축은 안정적인 수익 확보와 함께 데이터를 통한 맞춤형 상품과 서비스 제공을 가능하게 한다는 점에서 사업 성과 창출에 든

든한 기반이 될 수 있다. 특히, 자발적으로 유료 멤버십에 가입하는 고객을 누가 더 많이 확보하느냐는 기업 간 경쟁에서 이길 수 있는 핵심 요소가 되었다.

세계적으로 성공한 멤버십 비즈니스 기업들은 고객을 슈퍼유저Super user로 만들기 위해 그들과 끊임없이 소통하고 있다. 이제 상품을 판매하는 시대에서 멤버십을 팔아야 하는 시대로 급변한 것이다. 출판계 또한 멤버십 기반의 서브스크립션 커머스와 차별화된 커뮤니티를 통해 매력도를 높일 수 있다. 그리고 이것은 수많은 독자의 적극적인 참여와 충성도를 높여 시장 활성화를 위한 강한 촉매제가 될 것이다.

---

1 아마존 홈페이지 참고(https://www.amazon.com/amazonprime?_encoding=UTF8&%2AVersion%2A=1&%2Aentries%2A=0)

뉴미디어와
출판 콘텐츠의 시대

뉴미디어와 콘텐츠의 변화

2010년에 열린 제5회 파주북시티 국제출판포럼의 주제는 '넘나듦: 뉴미디어와 출판 콘텐츠의 확장'이었다. 국내외 출판 전문가 20여 명이 디지털 출판 시대를 맞아 콘텐츠의 융합, 새로운 출판 비즈니스 모델, 콘텐츠 산업의 현황과 발전 방향 등을 논의했다. 당시는 모바일 시대를 활짝 연 애플의 아이폰이 한국에 상륙하면서 미디어의 전환이 본격화되던 시기였다.

이후 10여 년간 미디어 환경의 급속한 변화가 일어나면서 출판 콘텐츠 생태계에도 큰 영향을 미치고 있다. 콘텐츠를 담는 그릇에서 미디어와 결합한 콘텐츠 그 자체가 된 출판에 대한 고민과 도전이 진행되고 있으며, 유통 채널 관점에서는 오프라인과 온라인, 매체의 물성 관점에서는 아날로그와 디지털의 경계를 넘나들고 있다.

사전적으로 미디어는 어떤 메시지를 전달하려는 매개체를 의미한다. 일반적으로 글자나 그림, 음악을 표현하는 미디어는 오랫동안 존재했다. 대표적으로 책(지식 정보), 캔버스(미술), 악기(음악) 등이 있다. 마셜 맥루헌은 저서 『미디어의 이해』에서 "미디어는 메시지다"라는 명제를 선언했다. 과거에 문자와 인쇄술이 시각적인 인간을 만들었다면, 현대의 전기·전파 미디어는 인간 감각의 배치와 강도를 변화시키면서 촉각적인 인간형을 만들고 있다. 그리고 이것은 인터넷과 모바일 기반의 미디어 플랫폼으로의 확장으로 이어지고 있다. 맥루헌의 주장처럼 이제 인간이 소통을 위해 이용하는 도구는 여러 갈래의 뉴미디어로 진화하고 있다.

뉴미디어는 독립적으로 존재하던 기존 매체들의 특성이 새로운 기술과 결합하여 더 편리한 기능을 가지는 미디어를 의미한다. 인터넷 신문·잡지, 블로그, 비디오 게임, 소셜 미디어, 위키피디아 등이 대표적이다. 뉴미디어의 가장 큰 특징은 바로 상호작용이 가능하다는 것이다. 유·무선 네트워크 연결을 통해 정보를 전달하고 이에 대한 사람들의 의견과 반응을 공유할 수 있다. 따라서 뉴미디어 환경에서는 디지털화된 정보의 전달 및 상호 교환이 활발하게 진행된다. 이를 통해 사용자와 수용자는 미디어를 더욱 능동적으로 활용할 수 있으며, 여러 매체가 하나의 통합된 멀티미디어 구조를 생성할 수 있다.

그렇다면 뉴미디어가 출판에 어떤 식으로 적용되는지 살펴보자. 먼저 뉴미디어의 특성으로 인해 정보 교환과 커뮤니케이션

양이 비약적으로 증가했는데, 사람들은 웹 사이트 및 블로그에서 개인의 생각과 사진 등을 공유함으로써 자신을 표현할 수 있게 되었다. 그리고 이를 통해 대중 사이의 사회적·공간적 거리는 줄어들었다. 뉴미디어는 특정 사람과 공간의 사회적 변화뿐만 아니라 세계화에 영향을 끼치는 기술로도 활용되고 있다.

뉴미디어의 등장은 콘텐츠의 매체 전환을 보다 수평적이고 다양한 방식으로 실현할 수 있게 했다. 2000년대 이후부터는 기술의 발전과 함께 영상과 음악의 표현 방식이 자유로워지면서 다양한 콘텐츠 기획과 제작이 가능해졌다. 예를 들어, 디지털과 아날로그의 결합으로 탄생한 웹툰은 디지털 매체 환경의 가변성이 제대로 적용된 출판 콘텐츠로 자리를 잡았다. 웹툰은 만화에 기반을 두고 탄생했으며, 지속적으로 다양한 매체와의 상호 매체적 관계 맺기intermedial relationship가 이루어졌다. 결론적으로 디지털 기술의 적극적인 수용을 통해 뉴미디어 환경에 최적화된 콘텐츠라고 할 수 있다.

뉴미디어와 출판의 확장

뉴미디어는 출판 기획 영역에서 매체의 관계성을 더욱 긴밀하게 유지·확장한다. 대표적인 예로 방송 내용이 그대로 출판되는 팟캐스트와 인문학 강연의 출판 콘텐츠화를 들 수 있다. 오디오 매체 제작 환경이 간편해지고 채널 접근이 쉬워지면서 팟캐스트는 다양한 주제의 콘텐츠를 실용적으로 만드는 매체로 성장했다. 이미 국내에서는 『지적 대화를 위한 넓고 얕은 지식』이 팟캐스트 출판을 통해 베스트셀러에 올랐고, 『노유진의 할 말은 합시다』, 『일빵빵 입에 달고 사는 기초영어』 등 팟캐스트를 즐겨 듣는 애청자들을 책으로 유인하면서 신선한 가치사슬을 만들고 있다. 이렇게 오디오 콘텐츠로 제작된 내용을 보완해서 출간하는 모델은 기획의 완성도를 높이고, 안정적인 최소 독자를 확보할 수 있다는 장점이 있다.

그리고 방송이나 북 콘서트, 길거리 강연 등을 통해 제작된 영상 콘텐츠를 출간하는 트렌드도 주목해야 한다. 구어체로 풀어서 쓴 책은 독자에게 친근감과 생동감을 주면서 콘텐츠에 대한 접근성을 높여준다. 그 예로 구어체와 대화체로 쓰인 『미움받을 용기』는 장기간 베스트셀러에 올랐다. 또한 스타 강사 출신의 설민석과 최진기, 인문 예능을 주도하는 김용옥 교수, 유시민 작가의 역사와 인문학 시리즈는 TV 강연과 출판이 연계한 '솔루션 퍼블리싱solution publishing'의 표준이 되고 있다.

기성 출판사에서 교양 강좌 프로그램을 진행하면서 그 내용을 책으로 출간하는 사례도 늘어나고 있다. 21세기북스는 인문재단 '플라톤 아카데미'의 강연을 시리즈로 출간하고 있다. 창비는 인문 스타 저자들의 강연을 기획해 '공부의 시대'라는 시리즈로 묶어 책으로 내기도 했다.

한편 국내 미디어 환경에서 포털 사이트의 영향력은 막강하

— 카카오 브런치 홈페이지

다. 이들은 기존에는 유통을 중심으로 출판 시장과 협력 관계를 유지했지만, 모바일 미디어가 발전하면서 출판 플랫폼으로 무게중심이 이동하고 있다. 네이버는 책문화 카테고리를 만들어 출판 홍보 플랫폼의 위상을 갖추었다. 무료로 이용 가능한 네이버 포스트는 출판사가 자체 콘텐츠를 활용해 다양한 이용자와의 접점을 만드는 데 적극적으로 활용되고 있다.

카카오의 콘텐츠 퍼블리싱 플랫폼 브런치는 출판 제작 툴로 인기가 높다. 출판사와 함께 진행하는 책 출간 공모전 브런치 북 프로젝트는 전업 작가 또는 글쓰기에 관심 있는 일반인들도 출간의 꿈을 이룰 수 있게 도와준다. 또한 글쓰기에 이어 일러스트 분야를 신설하면서 출판 콘텐츠 제작의 범위를 확대했다. 이처럼 브런치는 작가와 출판사, 독자를 다양한 경로로 연결하면서 출판계에 새로운 성장 기회를 제시하고 있다.

독서 환경을 바꾼 뉴미디어

뉴미디어는 대중과의 자연스러운 소통을 원하는 유명 인사와 인플루언서의 영향력을 키워준다. 서점과 출판사에서 일률적으로 소개하는 책 광고는 이제 독자에게 긍정적인 영향을 주기 어렵다. 독자들은 자신이 좋아하는 유명 인사나 배움을 얻고 싶은 특정인의 추천에 더 큰 의미를 두고 따르는 경향을 보인다. 특히, 소셜 네트워크를 적극적으로 활용하는 유명 인사와 인플루언서의 활동이 실시간으로 공유되면서 이런 현상은 심화되고 있다. 데이터가 아닌 사람에 의한 책의 발견성과 비독자를 독자로 만드는 사례가 대부분 이러한 패턴을 보인다. 예를 들어, 영국 출신의 배우 엠마 왓슨은 자신이 진행하는 페미니스트 독서 클럽 '우리의 공유 책장Our Shared Shelf'에서 선정한 책 『엄마, 나 그리고 엄마Mom&Me&Mom』를 런던 지하철에 숨기고 그 모습을 자신의 SNS에 남기면서 대중의 관심을 집중시켰다. 엠마 왓슨은 자신이 좋아하는 책을 지하철에 놔두고 시민들과 돌려 읽는 '북스 온 더 언더그라운드Books on the Underground' 캠페인에 동참한 것이다. 그녀가 지하철 곳곳에 책을 숨기는 모습이 담긴 동영상은 SNS에서 240만 회 이상 재생되었다.

페이스북의 CEO 마크 저커버그는 2015년을 '책의 해'로 정하고, 2주에 한 권씩 페이스북 페이지를 통해 이용자들에게 추천했다. 마이크로소프트의 창업자 빌 게이츠는 유명한 독서광으로 자신의 블로그 게이츠 노트gates notes를 통해 감명 깊게 읽은 책을 수시로 추천한다. 저커버그와 게이츠가 추천한 책은 온·오프라인 서점에서 판매량이 급증하고, 소셜 네트워크를 통해 빠르게 확산된다.

뉴미디어를 대표하는 콘텐츠 형태는 영상video이다. 따라서 대부분 텍스트와 이미지라는 정지된 형태가 중심이 되는 출판도 마케팅 활동에서는 조금이라도 영상을 활용하는 것이 합리적이다. 그만큼 강렬한 메시지를 전달할 수 있고, 밀착된 소통과 확산에 유리하다. 2015년에는 해외 도서전에서 북튜브booktube라는 용어가 본격적으로 등장했는데, 쉽게 말하면 특정인이 직접 책을 소개하는 화면을 구글 유튜브, 페이스북 라이브 등을 통해 실시간으로 송출하거나 간략하게 편집해서 마케팅에 활용하는 것이다. 이것은 지식 정보 콘텐츠에 대한 수요가 높아지면서 독자들에게 많은 호응을 얻고 있다.

하퍼콜린스HarperCollins는 페이스북 라이브를 활용해서 '북 스튜디오 16Book Studio 16'을 활발하게 운영하고 있다. 저자, 편집자, 마케터 등이 출연해서 15~45분 분량의 책 관련 인터뷰 또는 퍼포먼스를 라이브로 보여준다. 총 1,000만 회 이상 조회 수를 돌파했고, 주제별로 일간 일정을 만들어서 진행한다. 저자와 독자를 직접 연결하는 북 스튜디오 16을 통해 팬덤을 강화할 수 있고, 책 판매에도 적지 않은 영향을 미친다고 한다.

이처럼 뉴미디어 시대가 확산되면서 이용자의 참여가 강하게 요구되는 환경이 만들어졌다. 다수의 미디어 이용자는 크로스 플랫폼Cross platform, 다양한 플랫폼을 편리하게 교차하는 것 이용 행태를 보이는데, 다양한 미디어 기기와 n-스크린n-screen 서비스 등을 통해 끊김 없이 각종 콘텐츠를 자유롭게 이용한다.

또한 웹에서 모바일로 네트워크 환경이 확장되면서 한번 애착 관계가 형성되면 쉽게 변하지 않게 되었다. 그리고 하나의 기능이 융복합 과정을 통해 멀티 기능을 갖추는 컨버전스와, 온·오프라인 유통 통합에 따른 옴니 채널 현상으로 미디어와 플랫폼의 애착 현상은 더욱 뚜렷해질 전망이다. 출판계의 변화가 필요한 가장 중요한 지점이 바로 여기에 있다. 독자가 무엇을 생각하고 어떤 콘텐츠에 비용과 시간을 투자하는지 면밀하게 살펴야 한다. 그리고 이를 뉴미디어 환경에 맞게 구조화해서 비즈니스로 연결해야 한다.

뉴미디어는 출판계에서 기회와 도전의 영역이다. 무엇보다 책에 호의를 가진 자발적인 독자와 돈독한 관계를 만들 수 있다. 디지털 시대의 출판 기획과 마케팅을 위한 자산 확보 기반 구축에도 큰 힘이 된다. 앞으로는 '콘텐츠-커뮤니티-큐레이션'의 구조적 연계를 자생적으로 갖출 수 있는 '저자-출판사-서점'의 네트워크를 구축해야 한다. 뉴미디어 환경과 플랫폼 구조는 이를 강력하게 만드는 핵심 키워드로 함께할 것이다.

모바일 커머스가 이끈
서점의 변화

급성장하는 모바일 서점

한국온라인쇼핑협회는 2017년 국내 모바일 커머스가 사상 처음으로 PC 기반의 온라인 커머스 규모를 뛰어넘었다고 발표했다. 국내 온라인 커머스 시장 규모 역시 처음으로 100조 원을 돌파했다. 모바일 커머스 규모는 53조 원, PC 기반의 온라인 커머스 규모는 39조 원으로 조사되었다.[1] 이렇게 모바일 커머스 매출이 급격히 성장한 주요 원인은 소비자들이 스마트폰을 통해 상품과 서비스에 대한 정보를 온라인 또는 오프라인 매장 내에서 확인하고 공유하는 행위가 많아졌기 때문이다. 온라인 쇼핑에서 모바일 거래가 차지하는 비중은 2017년에 50%대 수준이었지만, 점점 높아져 2018년 6월에는 처음으로 60%를 넘어섰고, 매월 계속 증가하고 있다.

이러한 모바일 중심의 시장 재편은 세계 출판업계에도 적지 않은 변화를 가져왔다. 특히, 모바일 서점은 각종 정보 통신 기술과 결제·배송 시스템이 발전하면서 급성장했다. 모바일 서점은 웹 기반의 온라인 서점이 앱 기반으로 확장되면서 이동 편의성이 강화된 서점 형태다. 각 서점의 전용 앱을 설치하면 편리하게 이용 가능하다. 해외의 아마존, 반스앤노블, 코보, 기노쿠니야, 워터스톤즈 등 유명한 종이책·전자책 서점들도 대부분 모바일 앱을 제공하고 있다. 앱 사용자는 해당 서점에서 운영하는 도서 카테고리에 구입하고 싶은 책을 등록할 수 있고, 앱의 쇼케이스 화면을 원하는 색상으로 변경할 수 있다. 이어서 신용카드, 마일리지, 지문 인식 등 편리한 결제 수단을 사용해 주문을 완료할 수 있다.

교보문고 모바일 서점에서는 독자의 분야 선호도, 작가 선호도, 거주 지역, 구매 이력, 관심사 등을 분석해서 맞춤형 도서를 추천한다. 그리고 2018년 12월에는 지식 문화 중심의 소셜 미디어 플랫폼 보라VORA 앱을 베타 버전으로 공개했다. 보라는 책, 음악, 영화, 공연 등 문화 콘텐츠에 관심 있는 사람이 모여서 이야기를 나누는 SNS로, 구글 플레이 또는 애플 앱스토어에서 다운로드할 수 있다. 보라는 이용자의 관심사를 중심으로 콘텐츠가 유통되는 오픈 커뮤니티다. 해시태그를 팔로우하는 것만으로도 같은 취향의 이용자들끼리 커뮤니티가 형성되고 다양한 이야기를 나눌 수 있다. 또 이용자 취향 및 패턴, 위치 정보를 학습해 분석할 수 있는 스마트 큐레이션을 통해 개개인의 취향에 맞는 콘텐츠와 비슷한 취향의 이용자를 연결해준다.

2019년 상반기 종합 베스트셀러 분석 자료에 따르면, 오프라인과 웹 채널보다 모바일 채널이 폭발적으로 성장한 것으로 나타났다. 도서는 책을 보고 내용을 인지한 후 구매하는 경우가 많은데, 교보문고의 경우 모바일로 주문하고 영업점에서 바로 수령할 수 있는 바로드림 서비스가 판매에 큰 역할을 한 것으로 보인다. 2019년 상반기에는 모바일 채널이 전체 대비 27.8%의 점유율을 보이며 웹 구매를 월등히 넘어섰다. 모바일 채널의 이용이 활발해지면서 상반기 바로드림 서비스 이용 채널별 점유율에서도 모바일 채널이 89.9%로 압도적인 비중을 차지했다.

예스24는 2010년 모바일 쇼핑 서비스를 시작한 이후 연평균 100% 이상의 성장률을 보이고 있다. 2015년 업계 최초로 모바일 연 매출 1,000억 원을 돌파했고, 온라인 매출에서 모바일 매출 비중은 2015년 24%에서 2016년 32%로 증가했다. 모바일 간편 결제 시스템의 도입이 모바일 매출 성장을 이끈 것으로 보인다. 도서 판매 이외에 영화 감상 스트리밍, 가상 화폐 서비스도 모바일 서점에서 제공한다. 2019년 8월에는 온라인 서점 최초로 자체 간편 결제 시스템인 세이페이seyPay를 선보였다. 세이페이는 본인 명의의 카드를 등록한 후 결제 비밀번호 6자리만 입력하면 쉽고 빠르게 결제할 수 있는 시스템이다.[2] 모바일 커머스의 성장 동력으로 구매 절차의 간소화를 많이 강조하는데, 예스24 세이페이는 여러모로 의미 있는 시작이라고 볼 수 있다.

모바일 서점은 온라인 서점의 단순한 확장에 머무르지 않고, 온라인과 오프라인을 연결하고 오프라인 모객을 활성화하는 역할을 한다. 교보문고의 바로드림은 대표적인 O2O 서비스로, 모바일 전용 앱에서 온라인 판매 가격으로 결제하고 오프라인 매장에서 직접 찾아갈 수 있다. 인터파크도서와 영풍문고는 제휴를 통해 O2O 방식의 매장 픽업 서비스를 선보인다고 발표했으며, 위치 기반 기술을 통해 가장 가까운 매장과 보유 재고량을 실시간으로 확인할 수 있다. 고객 편의성과 매출 증대, 물류비 절감 효과가 기대된다.

모바일 서점과 출판 시장의 변화

모바일 서점의 성장은 앞으로 출판 시장에 어떤 영향을 미칠 것인가? 종이책 중심의 모바일 서점 이외에 전자책과 웹소설·웹툰 플랫폼 앱의 인기도 점점 높아지고 있다. 리디북스, 밀리의서재, 교보문고 톡소다, 카카오페이지, 네이버 시리즈 등 전자책과 웹소설·웹툰 전문 서점(플랫폼)들이 공격적인 마케팅으로 모바일 콘텐츠 서비스를 강화하고 있다. 경박단소輕薄短小형 콘텐츠는 모바일에 최적화되어 있고, 서브스크립션 판매 모델은 이용자 입장에서 효율적이기 때문이다.

그리고 이러한 분위기 때문에 출판 기획과 마케팅에 대대적인 변화가 요구되고 있다. 대중의 모바일 생활 양식에 맞춰 텍스트가 오디오 또는 비디오와 결합하거나, 새로운 방식의 텍스트로 제작되는 콘텐츠 개발이 필요하다. 최근 오디오북과 북튜버의 동영상 콘텐츠가 인기를 얻는 이유도 모바일 미디어 환경과 부합하기 때문이다.

모바일 비즈니스의 확장에 따른 미국 반스앤노블 서점의 차기 행보도 주목할 필요가 있다. 2018년 10월, 심각한 매출 부진에 허덕이는 반스앤노블이 회사를 매각할 것이라는 소식이 전해졌다. 당시 〈월스트리트저널〉에서는 복수의 관계자가 반스앤노블 인수에 관심을 드러냈고, 이사회 특별위원회가 검토할 것이라고 밝혔다. 창업자이자 회장인 레너드 리지오(지분율 19.2%)는 회사 매각을 포함한 전략적 대안을 모색하고 위원회의 결정에 따를 것이라고 했다. 2012년 70억 달러(약 7조 9,000억 원)를 기록했던 연 매출은 2017년 37억 달러(약 4조 1,800억 원)로 떨어졌다. 지난 10년간 반스앤노블은 150개 이상의 매장을 줄여 633개 매장을 운영했는데, 아이러니하게도 당시 매각 검토 발표가 나자 반스앤노블의 주가는 시간 외 거래에서 22% 상승했다.[3]

반스앤노블은 모바일을 활용한 여러 자구책을 내놓았는데, 오프라인 매장 직원들이 고객과 만나 책을 추천하는 영상 콘텐츠를 제작했다. 스마트폰에서 쉽게 볼 수 있고, 공유 가능하며, 바로 주문할 수 있게 시스템을 정비했다. 반스앤노블의 자존심을 걸고 자신 있게 도서를 추천할 수 있는 역량을 모바일 채널

— 반스앤노블 모바일 서점 앱

을 통해 본격적으로 발휘하기 시작한 것이다. 이렇게 오프라인 서점에서도 모바일 기술과 채널은 도서를 추천해 구매로 이어 지게 하는 중요한 역할을 하고 있다.

2019년 하반기에 반스앤노블은 새로운 주인을 만났다. 행동 주의 헤지펀드 엘리엇 매니지먼트가 총 6억 8,300만 달러(약 8,100억 원)에 인수했는데, 대주주의 변화만큼 흥미로운 점은 신임 대표로 제임스 돈트가 선임된 것이다. 그는 영국 런던을 대 표하는 독립 서점인 돈트북스의 대표였고, 2011년부터 워터스 톤즈를 이끌고 있는 유명한 서점 경영인이다. 그는 당분간 워 터스톤즈와 반스앤노블의 대표를 겸직하기로 했다. 2018년 워터스톤즈의 대주주였던 러시아 재벌이 물러나면서 엘리엇 매니지먼트가 워터스톤즈를 인수했지만, 그는 재신임을 받았다. 엘리엇은 공격적인 투자를 통해 2018년 9월 경쟁사인 포일스 Foyles 서점을 인수하면서 영국 오프라인 대형 서점을 독식하게 되었는데, 미국으로 서점 사업을 확장한 것이다.[4]

〈퍼블리셔스위클리〉에서 인터뷰한 내용에 따르면, 엘리엇이 반스앤노블의 가치를 높이기 위해서 많은 투자를 병행할 것이라고 한다. 오프라인 매장의 혁신을 추구하되, 지점별로 특성에 맞는 마케팅이 필요하다고 평가하면서 모바일을 활용한 서점의 변화도 추진할 계획임을 밝혔다.[5] 이는 워터스톤즈의 변화 전략과 유사한 측면이 있으며, 오프라인과 온라인, 아날로그와 디지털을 모바일로 묶어보겠다는 의도가 다분하다. 제임스 돈트 대표는 온라인에서 아마존을 넘어서기 위한 전략보다는 현재 상황에서 반스앤노블이 잘할 수 있는 일에 집중하는 것이 더 중요하다고 보았다. 온라인으로 주문하고 집 근처 가게에서 물건을 받는 클릭 앤 콜렉트click and collect 방식처럼, 온라인으로 주문하고 오프라인에서 물건을 수령하는 모델이 많은 매장을 보유한 반스앤노블에 적격이라고 판단했다. 즉, 오프라인과 온라인을 연결해 수익을 올리는 방식이 반스앤노블의 핵심 사업 전략으로 자리 잡을 전망이다. 단기적인 처방으로 위기에서 벗어나는 것보다는 인내심을 갖고 회사를 이끌겠다는 의지가 엿보인다. 그리고 이 모든 것의 중심에는 모바일이 있다. 가장 효율적인 연결과 새로운 기회 창출은 모바일을 통해서 더욱 강력해지기 때문이다.

반스앤노블 매장은 온라인과 모바일 주문을 통해 직접 찾아갈 수 있는 옴니 채널형 스토어로 확장될 것으로 보인다. 옴니 채널은 모든 것, 모든 방식을 의미하는 옴니omni와 유통 경로를 의미하는 채널channel을 합성한 단어로, 온라인과 오프라인 매장을 결합하여 소비자들이 언제 어디서나 구매할 수 있도록 하는 체계를 말한다.

옴니 채널은 클릭 앤 콜렉트 방식보다 더 큰 범위로 이해할 수 있다. 옴니 채널 마케팅은 온·오프라인을 통해서 고객의 데이터를 최대한 많이 확보하기 위해 투자한다. 채널 간의 연결은 모바일에서 매우 효과적으로 이루어지기 때문에 두 개 이상의 세일즈 채널을 확보한 기업이라면 모바일 기반 옴니 채널은 필수다. 또한 매장별 특색을 살리기 위해 진열과 프로모션에 대한 권한은 점장이나 실무 직원들에게 줄 계획이다. 더불어 제임스 돈트 대표를 보좌할 디지털 사업 전문가들도 영입될 것으로 예상된다. 새로운 핵심 전략으로 선보일 클릭 앤 콜렉트 사업 모델은 디지털과 모바일 기술 접목이 성패를 좌우하기 때문이다.

국내외 대형 온·오프라인 서점의 미래 사업 전략에 모바일은 필수적인 키워드다. 실물 상품과 콘텐츠, 커뮤니티 등 서점에서 다루는 모든 사업과 서비스는 모바일을 통해 가격 대비 높은 효과를 거둘 수 있다. 이제 모바일은 특정 세대에 치우치지 않고,

전방위적인 접근과 편리한 사용이 가능한 채널로 자리 잡았다. 따라서 모바일과 소셜 미디어 커머스의 핵심 성공 요소인 바이럴Viral과 인플루언서 마케팅에 더욱 적극적인 관심과 투자가 필요하다. 모바일 서점을 포함한 모바일 커머스의 성장은 출판 생태계의 변화에 지속적으로 영향을 미칠 것이다.

결론적으로 모바일을 지향하는 소비자들의 성향에 맞춘 콘텐츠 개발과 유통 모델 개선은 시대적인 요구다. 앞으로 서점은 상품과 서비스, 미디어를 모두 자유롭게 수용하는 플랫폼으로 진화해야 할 것이다. 나아가 모바일의 핵심인 '넓고 빠른 연결'을 현장에서 실현해야 한다. 단일 브랜드만의 모바일 플랫폼 구축도 중요하지만, 서점과 서점을 연결해 상품과 데이터를 공유함으로써 새로운 가치를 창출할 수 있다. 예를 들어, 수년 전부터 우리 주변에 서점이 점점 사라지고 있는 상황에서 구글 지도를 활용해서 새롭게 만든 동네 서점 지도는 모바일 시대에 어울리는 의미 있는 프로젝트였다. 독자는 스마트폰을 통해서 서점 위치와 각종 정보를 손쉽게 확인할 수 있고, 인덱스에 직접 서점 관련 정보를 입력할 수도 있다. 모바일을 통해 거의 실시간으로 쌍방향 커뮤니케이션이 가능한 것이다. 이렇게 참신한 기획력이 뒷받침된다면 미래 출판 산업의 고부가 가치 창출은 모바일이 좌우할 것이다.

1 뉴스원, 「온라인쇼핑協 "지난해 온라인쇼핑 100조 돌파, 모바일이 PC쇼핑 압도"」(http://news1.kr/articles/?3447986)

2 채널예스, 「예스24, 온라인 서점 최초로 간편 결제 시스템 'seyPay' 도입」(http://ch.yes24.com/Article/View/39482)

3 마켓왓치, 「Barnes & Noble stock rallies 22% as company's board explores sale」(https://www.marketwatch.com/story/barnes-noble-stock-rallies-22-as-companys-board-explores-sale-2018-10-03)

4 더가디언, 「Waterstones buys Foyles 'in face of Amazon's siren call'」(https://www.theguardian.com/business/2018/sep/07/waterstones-buys-foyles-in-face-of-amazon-siren-call)

5 퍼블리셔스위클리, 「Daunt Relishes Challenge of Leading B&N」(https://www.publishersweekly.com/pw/by-topic/industry-news/bookselling/article/80402-daunt-relishes-challenge-of-leading-b-n.html?fbclid=IwAR1f4zjczh7yJb29-cJyhEgc56r2qGWiUM4lsEK1pc-rXMm2UOMtP5kGNKc)

보충하는 장

출판의 새로운
시도를 위한 생각거리

콘텐츠 비즈니스와
4차 산업혁명

콘텐츠 비즈니스의 성장

콘텐츠 비즈니스는 콘텐츠를 출판, 영화, 게임, 애니메이션, 방송, 교육, 캐릭터 등의 형태로 미디어믹스 기획과 개발, 상품 판매·서비스 및 라이선싱licensing 활동을 통해 재화를 얻는 모든 거래와 커뮤니케이션 활동이다. 오늘날에는 미디어 환경과 플랫폼이 빠르게 발전함에 따라 콘텐츠 비즈니스에 지각 변동이 일어나고 있다.

콘텐츠의 영향력이 확대되면서 다양한 사업자가 콘텐츠 비즈니스 경쟁에 뛰어들고 있으며, 텍스트, 오디오, 비디오 등 형태별로 콘텐츠 비즈니스 플랫폼이 새롭게 등장하거나 기존 사업자들의 강화된 움직임도 많이 나타난다. 변화된 미디어 환경은 새로운 전송과 배포 모델을 정착시켜 이용자가 콘텐츠를 소비하는 콘텍스트context를 신선하게 제공한다. 이러한 콘텍스트는 미디어와 콘텐츠 간의 선택적 조합을 구조화해 이용자에게 특정한 이용 경험을 안겨준다.

콘텐츠 비즈니스는 한마디로 콘텍스트 비즈니스다. 콘텍스트는 사업자의 기획, 경영, 전략 능력을 지칭하는 용어로, 콘텐츠라는 원 소스One Source를 소비자의 필요와 욕구에 맞게 가공 및 재단장해서 멀티 유즈Multi Use로 활용하도록 하는 것을 의미한다. 문화, 예술, 지식의 성격이 강한 콘텐츠 상업화를 위해서는 콘텍스트에 사업자가 개입해야 한다. 콘텐츠는 인터넷, 디지털 TV, 모바일 등 미디어 플랫폼을 통해 대중화되어 '커뮤니케이션-커머스-컬래버레이션'이 실현된다. 이후 콘텍스트가 결합되면서 고객의 실질적인 수요를 충족하고 창출하는 구조를 만든다.

오늘날 대다수의 콘텐츠 관련 사업자가 집중하는 키워드는 바로 스토리다. 콘텐츠의 포맷, 길이, 가격에 상관없이 매력적인 콘텐츠의 원천을 찾는 것에서 비즈니스가 시작되기 때문이다. 사업자들은 양질의 콘텐츠와 원작자를 발굴하기 위해 공모전이나 자체 제작 시스템 구축과 유통에 주력한다. 또한 내·외부 투자를 통해 적극적으로 지적재산권IP을 확보한다. 사업 영역도 웹소설, 웹툰, 웹드라마, MCNMulti Channel Network, 동영상VOD, 광고 및 오프라인 스토어 운영 등 전방위적으로 확장하고 있다.

그리고 이제는 비즈니스 전략 관점에서 콘텐츠 자체의 기획 제작과 서비스 패턴의 변화에 주목해야 한다. 그 예로 스낵 컬처의 등장과 성장을 들 수 있다. 모바일 환경에 익숙해진 이용자들은 간편한 생활 양식을 추구하는 소비 행태를 보인다. 이러한 영향으로 스낵을 먹듯 짧은 시간 안에 간편하게 즐기는 문화가 확산되고 있는 것이다. 이처럼 생활 양식은 디지털 환경과 변화의 흐름을 전체적으로 이해하는 데 유용하다. 인간의 행동과 사고 등 문화적·심리적 현상을 대변하기 때문이다.

이용자의 편의성 관점에서 서비스 패턴의 변화를 대표하는 키워드는 바로 큐레이션이다. 이것은 빅데이터 활용과 콘텐츠 및 콘텍스트에 대한 종합적인 이해가 집중된 서비스다. 개별 이용자에 대한 이해에 기반을 둔 큐레이션은 맞춤형 콘텐츠 비즈니스의 전형이 되고 있으며, 비정형 데이터를 통해 의미 있는 정보를 추출할 수 있는 빅데이터를 적극적으로 활용하고 있다. 우수한 추천 서비스는 사업자 입장에서 콘텐츠가 이용자에게 잊히는 것을 방지하고, 유통 가능한 콘텐츠의 총량을 늘리는 효과가 있다. 더불어, 이용자가 원하는 콘텐츠를 제공해 구매를 활성화하고 만족도와 충성도를 높일 수 있다.

또 하나 주목해야 할 트렌드는 메이저 브랜드의 자체 제작 콘텐츠 확대다. 아마존, 넷플릭스, 훌루 등은 콘텐츠 유통을 넘어 오리지널 콘텐츠 제작 분야에서도 가시적인 성과를 올리고 있다. 이들은 TV 방송국과 같은 기존 미디어 사업자들과 플랫폼으로 경쟁하면서 동시에 콘텐츠를 수급받는 관계에 있다. 원천 스토리 발굴이나 콘텐츠 제작을 통해 독점적 위치를 확보하기 위해 선택한 전략인 것이다. OSMU 확장 관점에서도 유통 플랫폼의 1차 판권 확보를 위한 투자는 계속될 전망이다.

디지털 미디어 시대의 콘텐츠 비즈니스는 새로운 판을 짜는 자가 승리한다. 이제 콘텐츠 플랫폼은 독립적으로 콘텐츠를 확보하고 이용자에게 전달하는 서비스 플랫폼으로 진화하고 있다. 그리고 서비스 플랫폼은 콘텐츠의 발견성을 높이는 데 큰 역할을 하며, 이용자가 스스로 선호하는 콘텐츠를 발견하고 소비할 수 있도록 도와줄 것이다.

4차 산업혁명과 콘텐츠 비즈니스의 변화

2016년 1월, 다보스포럼의 주제는 '4차 산업혁명의 이해'였다. 기본적으로 4차 산업혁명은 초연결성, 초지능화의 특성을 띠기 때문에 모든 사물이 서로 연결되고 더욱더 지능화된 사회로 변화시킬 것이라고 전망했다. 콘텐츠 비즈니스와 직간접적으로 연결되는 사물 인터넷, 클라우드 등 정보 통신 기술의 발전과 확산은 인간과 인간, 인간과 사물, 사물과 사물 간의 연결성을 기하급수적으로 확대하고 있다. 이렇게 이미 우리 사회는 '초연결성의 시대'로 진입했다.

4차 산업혁명의 주요 변화 동인인 인공 지능과 빅데이터의 연계와 융합으로 기술과 산업 구조는 초지능화되고 있다. 다보스포럼은 4차 산업혁명을 인간과 기계의 잠재력을 획기적으로 향상시키는 사이버 물리 시스템Cyber-Physical System으로 정의했다.

지능이 필요한 작업을 기계가 수행하고, 인체와 다양한 센서로 연결된 컴퓨팅 기술이 적용되는데, 이처럼 인간과 조직, 기계가 각자의 영역에서 새로운 차원의 소통을 만들어내고 있다.

콘텐츠 비즈니스는 오프라인과 온라인의 경계가 무너진 상태며 디지털, 모바일, 스마트 기술로 대표되는 키워드가 만들어낸 결과다. 4차 산업혁명의 핵심인 초연결성을 소셜 플랫폼 환경을 통해 다른 산업보다 빠르게 접하는 분야가 바로 콘텐츠 비즈니스다. 사물 인터넷과 클라우드 등 초연결성에 기반을 둔 플랫폼 기술의 발전으로 O2O 같은 스마트 비즈니스 모델이 활성화되고 있다. 이제 개인은 데이터와 콘텐츠를 저장할 공간이 필요하지 않다. 스마트 워치(예. 애플 워치), 스마트 스피커(예. 아마존 에코) 등 사물 인터넷 기술이 적용된 기기가 상용화되었기 때문이다.

한편 소비 패턴에도 적지 않은 변화가 일어나고 있다. 공유 경제와 온디맨드 경제의 부상은 소비자 경험 및 데이터 중심의 서비스와 산업 간 협업으로 이어지고 있다. 특히, 온디맨드 경제 시스템은 거래 당사자들이 제품과 서비스를 미리 준비할 필요가 없다. 디지털 플랫폼이 해당 거래의 중개인 역할을 하기 때문이다. 안정화된 플랫폼 환경에서는 서비스 추가에 따라 발생하는 한계 비용이 거의 들지 않는다. 이처럼 4차 산업혁명은 맞춤형, 개인화된 소비가 가능한 시대를 만들고 있다. 다양한 플랫폼 간의 경쟁이 이루어지는 환경에서 소비자는 개인화된 제품과

— 아마존 스마트 스피커 에코

서비스를 사용할 수 있다.

저자와 같은 콘텐츠 창작자의 역할도 바뀌고 있다. 콘텐츠 비즈니스 환경에서 개인이 하나의 플랫폼이 될 수 있는 시대가 열린 것이다. 생산자와 이용자의 장벽이 무너지고 소셜 미디어에서 영향력을 발휘하는 인플루언서는 비즈니스를 연결하는 큰 매개체가 된다. 또한 4차 산업혁명 시대에 출판은 기존과는 다른 기획과 제작, 마케팅 활동이 요구된다. 무엇보다 콘텐츠 비즈니스에 적용되는 각종 기술에 대한 이해와 소셜 미디어 환경을 넘나드는 독자들의 소비 패턴과 트렌드에 주목해야 한다.

4차 산업혁명으로 일어난 연결과 지능의 혁신은 출판계에 무한한 가능성을 만들고 새로운 비즈니스 기회를 열어줄 것이다. 먼저 전통적인 출판 조직의 변화를 예상할 수 있다. 그리고 전문가들이 팀을 만들어 원거리에서도 하나의 프로젝트를 추진할 수 있는 네트워크형 조직이 많아질 것이다. 점점 조직의 의사 결정은 빅데이터 등을 바탕으로 더욱 과학적으로 분석하는 방법이 일반화되고 있으며, 온·오프라인 네트워킹을 통해 밸류 체인은 편의성 중심으로 재구축되고 있다.

이미 출판 산업은 전자 출판 분야를 중심으로 4차 산업혁명의 조류를 타고 있다. 증강 현실을 활용한 전자책, 초연결성을 보여주는 소셜 리딩, 온라인 공개 수업을 의미하는 무크Massive Open Online Course, 출간을 위해 독자들이 자발적으로 투자하는 크라우드 펀딩 등 실제 운영 사례도 많다.

따라서 출판계 종사자들이 4차 산업혁명의 변화에 대해 두려워할 필요는 없으며 산업 사회와 시장의 흐름에 주목하고 출판본연의 가치에 더욱 집중해야 한다. 기술은 이를 더욱 편리하게 만들 수 있는 융복합 환경을 제공하고, 생각하지 못한 새로운 경제적 이익을 발생시킬 수 있다. 또한 서로 다른 산업끼리 연계한 비즈니스 모델이 성장과 소멸을 반복하면서 더욱 정교해질 것이다.

이러한 변화에 가장 중요한 비즈니스 성공 요소는 콘텐츠로 귀결된다. 그리고 콘텐츠의 원천인 출판 분야는 진일보할 수 있는 기회가 많아질 것이다. 기술의 발전 속도는 빠르지만, 지식과 감성을 동시에 교류할 수 있는 사람을 대체할 수는 없다. 감동과 가치를 지닌 콘텐츠 비즈니스 모델은 결국 사람의 머리와 가슴에서 시작된다는 점을 잊지 말아야 한다. 그리고 4차 산업혁명이 진행되더라도 사람이 중심에 있는 출판은 앞으로도 콘텐츠 비즈니스의 최전선을 지킬 것이다.

전자책 비즈니스
성장을 위한 제언

전자책 시장의 현황과 전망

전자책은 출판 시장에서 종이책과 대칭적인 관점에서 논의되고 사업의 성패가 결정된다. 영미권은 출판 시장의 강세가 전자책으로까지 이어지고 있지만, 다른 언어권의 경우에는 여전히 종이책이 80~90% 이상의 시장 점유율을 보인다.

책은 생산 단계에서 지식과 감성이 정제되는 과정을 거쳐야 한다. 소리나 영상과 달리 텍스트는 직관적일 뿐만 아니라 상상력으로까지 연결된다. 소비 단계라고 말할 수 있는 독서 활동도 듣거나 보는 활동에 비해 시간이 더 많이 걸린다. 이처럼 출판이 가진 기본적인 속성은 기술의 변화에 크게 민감하지 않다.

물론, 책을 편집하고 제작함에 있어 기술이 상당한 시간과 비용을 절감하게 해준 것은 사실이다. 또한 이퍼브EPUB3, 앱북app book, 클라우드 컴퓨팅cloud computing, N스크린N-screen, HTML5, 증강 현실 적용 등의 기술은 출판의 형태로 제작된 거의 모든 것을 전자책으로 구현하고 활용할 수 있게 만들었다.

산업적 관점에서 전자책의 더딘 성장세를 아쉬워하는 목소리는 전자책이 종이책을 대체할 것이라는 생각에서 시작되었는데, 사실 전반적인 출판 시장의 침체와 축소는 다른 미디어와의 콘텐츠 경쟁에서 비롯되었다. 생산은 평균치를 유지하지만 소비는 줄고 있다. 10~20대 소비층의 축소는 다가올 출판 시장의 미래를 어둡게 한다. 디지털 네이티브라고 불리는 앞으로 자라날 세대는 디지털 환경에 익숙한 세대지만, 그들이 종이책 대신 전자책을 찾을 것이라고 확신하기는 어렵다. 그러나 출판의 근본적인 가치와 속성에 주목하면 디지털 시대에 전자책의 가능성은 무한하다. 편집을 통해 가독성을 최대한 높인 텍스트의 품질은 각종 멀티미디어와 결합해 다양한 이용자의 접근성을 확보할 수 있다.

종이책과 전자책 등을 넘나들면서 출판 콘텐츠를 이용하는 일종의 하이브리드형 독서는 앞으로 더욱 활성화될 것으로 전망되며, 생산 영역에서 이러한 하이브리드형 독서에 적합한 콘텐츠 기획과 제작이 무엇보다 중요하다. 단순하게 종이책을 전자책 형태로 변환시켜 유통하는 것은 매력적이지 않다. 가격 경쟁력을 갖추지 못한다면 경쟁에서 살아남기 어렵다는 의미다. 그렇다고 동일한 작품의 전자책 가격을 대폭 낮추는 전략은 종이책 판매에 악영향을 미칠 거라는 생각에 출판사에서 좀처럼 실행하지 못하기 때문에 그만큼 새로운 출판 콘텐츠의 기획이 필요하다.

　전자책은 플랫폼을 통해서 콘텐츠와 기계가 결합되어 독서 활동을 완성시키는 기반을 갖추고 있다. 플랫폼은 콘텐츠와 독자를 이어주는 일련의 과정을 담은 그릇이다. 종이책은 대부분 서점이라는 공간을 통해서 독자와 연결되고 독서 활동이 가능했지만, 전자책은 좀 더 복잡해졌다. 서점 이외에 전자책 전문 유통사나 앱스토어 등 플랫폼이 다양해졌고, 특수성을 가지면서 독자들은 하나의 콘텐츠에 대해 수많은 정보를 검색하고 취사선택할 수 있는 경로를 확보했다. 종이책과 전자책의 가격 비교 후 OS 환경에 따라 자신에게 편리한 전자책 형식을 선택할 수 있다. 이것은 검색과 커뮤니티 활동을 통해 가능하며, 학습 교재가 아니면 대부분 충동구매를 하는 경우가 많다. 그리고 일반적으로 충동구매의 양상은 킬링타임용 콘텐츠를 중심으로 더욱 강하게 나타난다.

　전자책은 종이책에 비해 가격이 저렴하고, 빠른 시간 내에 구입과 이용이 가능하다. 아마존 킨들 스토어에서 가장 많이 판매되는 전자책의 평균 가격대는 3~5달러 사이다. 베스트셀러 중 약 30%는 1시간 이내에 완독할 수 있는 분량으로, 전자책 이용자들이 무엇을 원하는지 잘 알 수 있는 결과다.

　종이책의 경우와 마찬가지로 전자책 시장을 주도하는 것은 다독가다. 이들은 독서 습관이 몸에 배어 있으며, 일상에서 책을 놓지 않기 위해 전자책도 함께 이용한다. 하지만 다독가가 자주 이용하는 전자책 전용 기기인 이리더e-Reader의 판매량과 이용률은 계속 줄어들고 있다. 각종 지표에 따르면, 독자들은 상대적으로 태블릿과 스마트폰을 통해 전자책을 더 많이 이용하는 것으로 나타났다. 1인 1디바이스 시대인 오늘날에는 모든 기기의 기능이 한곳으로 모이고 있다. 사물 인터넷 시대가 본격적으로 막이 오르면서 각종 앱을 탑재할 수 있는 태블릿과 스마트폰의 유용성은 더 높아졌다. 그에 반해 전자책 읽기에만 기능이 집중된 이리더는 또 하나의 불편한 기기로 인식되는 분위기다. 실제로 킨들과 코보 이외에 대부분의 이리더 브랜드가 철수하거나 시장 규모를 축소했다. 킨들과 코보도 기존 이용자가 재구매하거나 선물용으로 판매되는 경우가 대부분이다. 따라서 콘텐츠 생산자와 유통사는 태블릿과 스마트폰을 이용하는 전자책 독자가 빠르게 증가한다는 점에 주목해야 한다.

특히, 스마트폰은 일상에서 대부분 사람들과 붙어 있다. 스마트폰은 다양한 미디어와 콘텐츠 이용의 핵심이자 가장 중요한 매개체가 되었다. 페이스북, 트위터, 인스타그램, 카카오톡, 밴드 등과 같은 SNS 이용, 사진 찍기, 웹서핑, 모바일 쇼핑, 모바일 게임, 동영상 시청 등 사람들의 지식 문화 소비와 공유 활동의 대부분도 스마트폰을 통해 진행되고 있다.

그렇다면 출판 콘텐츠는 스마트 기기에 어떻게 녹아들어야 할 것인가? 최근 언론사와 포털사를 중심으로 카드형 기사가 인기를 얻고 있다. 내러티브 관점에서 텍스트 분량이 많지만, 핵심

문장과 연관성이 높은 이미지를 결합함으로써 3~5분 이내에 이해할 수 있다. 이러한 영향으로 시사성이 높은 주제에 대해 큐레이팅하는 방식으로 카드형 콘텐츠를 제작하는 전문 회사도 늘고 있다. 다수의 출판사에서는 책의 특정 문장과 이미지를 하나로 합친 모바일향(向) 콘텐츠를 만들고 있다.

디지털 시대가 되었지만 텍스트를 읽는 시간은 더 늘어났다. 물론 분량과 깊이의 문제가 남아 있긴 하지만, 그 부분은 시대사적 관점에서 좀 더 지켜봐야 할 것이다. 책과 독서를 통해서만 사색의 깊이를 느끼고 창조적 상상력이 만들어진다고 단정할 수 없기 때문이다.

차별화된 기획에서 시작하는 변화

여전히 책이 오랫동안 인류의 지성과 심성을 올바른 방향으로 이끌어온 최상의 매체인 것은 분명하다. 따라서 정보 통신 기술과 결합된 출판 콘텐츠에 대한 이해관계자들의 지속적인 관심과 투자가 요구된다.

우선, 시대를 주도하는 키워드를 뽑아내야 한다. 거시적인 어젠다를 논하는 책은 이제 방송과 언론 매체를 통해 제공되는 더욱더 빠르고 밀도 있는 콘텐츠에 밀리기 시작했다. 학술 출판에서 주로 다뤄지는 어렵고 무거운 주제는 상업적으로 취약할 수밖에 없다. 산업적으로 이런 부분은 공공과 기업의 도서관에서 기본적인 손익 분기를 맞출 수 있도록 구입 지원이 필요하다. 이는 종이책과 전자책 모두에 해당하는 이야기다.

양질의 출판 콘텐츠를 기획하는 일은 가볍고 무거운 주제를 넘나들 수 있는 경험을 축적하는 것에서 시작된다. 가볍다고 해서 가치가 떨어질 것이라는 생각은 버려야 한다. 가벼운 것은 디지털 독자들의 관심을 집중시키는 일차적인 매력으로 작용하며, 짧은 분량으로 미시적인 키워드를 완성도 있게 만드는 역량이 디지털 출판 시장을 주도할 것이다.

더불어 좋은 기획을 디지털 출판 기술에 접목하는 일에 협력할 필요도 있다. 기존의 방식처럼 출판 기획 및 전자책을 만들고 유통하는 일까지 편집자가 전담하는 것은 무리가 있다. 이 부분을 전문가와 협력한다면 더욱 발전할 수 있고 더 많은 부가 가치를 얻을 수도 있다.

한편 세계적인 대형 출판사들은 독자에게 직접 출판 콘텐츠를 판매하기 시작했다. 우리 출판사의 책을 어떤 사람들이 관심을 가지고 실제로 구입하는지를 알기 위함이다. 이것은 아주 중요한 사항이다. 그동안 유통은 서점과 전문 스토어를 가진 곳을 통해서만 가능했기 때문에 고객(독자)의 정보를 확보하기 어려웠다. 출판사는 독자를 직접 만나고 그들의 관심사를 수집해서 새로운 기획에 반영해야 한다. 한 번이라도 커뮤니케이션을 한 독자라면 지속적인 관계성을 만드는 데 시간과 노력을 투자해야 한다. 전자책은 이러한 관계 구축에 좋은 매개체가 된다. 정식 출간 전, 독자의 반응을 확인하기 위해 축약본을 전자책으로 출시할 수 있다. 전자책 전용으로 제작해서 커뮤니티에 가입한 독자에게 특별 할인율을 적용한다면 큰 호응을 얻을 수 있다.

일반적인 커뮤니티 채널로 기초를 단단하게 다지고 싶다면 자체 홈페이지 제작을 권하고 싶다. 만약에 자체 홈페이지 제작이 어렵다면, 비용 부담이 낮은 포털 블로그나 카페, 소셜 미디어를 개설하는 것도 좋은 방법이다. 이미 다수의 출판사들은 2~3개 정도의 자체 채널을 운영하고 있다.

펭귄랜덤하우스는 홈페이지를 재구축하면서, 자사의 출판물과 작가 소개 공간을 중심 카테고리로 만들었으며, 무엇보다 모바일용으로 깔끔한 인터페이스를 만든 게 인상적이었다. 또한 책 소개와 저자 인터뷰도 동영상으로 제작할 것으로 보인다. 그만큼 기존의 서점과 콘텐츠 스토어에서 접할 수 없는 내부 콘텐츠를 갖춤으로써 커뮤니티에 대한 만족도와 독자의 브랜드 충성도는 올라갈 것이다.

일본을 대표하는 작가인 무라카미 하루키는 신초샤新潮社와 함께 '무라카미 씨의 거처'라는 웹사이트를 운영했다. 여기에는 무라카미 작품에 대한 감상이나 고민, 사회 문제, 고양이, 야구 등 갖가지 질문이 쏟아졌으며 그 수는 총 4만여 건에 달한다. 그는 질문들을 모두 읽은 뒤 이 가운데 몇 개를 직접 선정해 답변을 했다. 그리고 독자들 사이에서 소문이 퍼지면서 사이트는 개설 3개월 반 만에 조회 수 1억 건을 넘는 등 큰 인기를 모았다. 신초샤는 홈페이지를 통해 독자와 하루키가 주고받은 질문과 답변 중 400~500개를 엄선해서 전자책과 종이책으로 출간했다. 이처럼 디지털 시대에 출판사와 저자의 대중적 커뮤니케이션은 브랜드 효과뿐만 아니라 새로운 콘텐츠 기획에도 적지 않은 영향을 준다.

전자책은 상업적 관점에서 벗어나 세상을 바꾸는 일에도 힘을 보태고 있다. 2015년 5월에 미국의 버락 오바마 전 대통령은 미래의 성공을 위해서는 교육이 가장 중요하다고 강조하면서 저소득층의 교육 기회 확대 방침을 밝혔다. 오바마 대통령은 워싱턴 DC 빈민가인 애너코스티아 공립도서관에서 이 지역 중학생들과 교육을 주제로 대화를 나눈 이야기를 하면서 커넥티드ConnectED 구상의 중요성을 언급했다. 커넥티드는 미국 학생의 99%가 초고속 인터넷망에 접속할 수 있는 환경을 만들겠다는 오바마 대통령의 야심 찬 교육 프로젝트다. 오바마 대통령은 "중학생들과의 대화 자리에서 주요 도서관과 출판사가 저소득층 학생들에게 2억 5,000만 달러(약 2,700억 원) 상당의 무료 전자책을 제공하고, 학생 1인당 도서관 카드를 하나씩 갖도록 하는 계획을 발표했는데, 이는 모두 커넥티드 구상의 일환이다. 당신이 누구든, 어디에 살든, 소득이 얼마인지에 관계없이 세계의 지식과 정보에 접근할 수 있어야 한다"[1]고 말했다.

전자책은 디지털 기술을 활용한 시스템으로서 지식을 저렴한 비용으로 가장 멀리 그리고 빠르게 전달할 수 있는 대표적인 콘텐츠다. 자선 단체인 월드리더www.worldreader.org는 아프리카를 중심으로 50개 이상의 후진국에서 교육을 받지 못하는 아이들에게 전자책 독서 환경을 지원한다. 아마존, 펭귄랜덤하우스, 마이크로소프트, 시스코 등 세계 유수의 기업과 작가 들이 월드리더의 의미 있는 활동을 적극적으로 후원하고 있다.

앞에서 이야기한 것들은 출판 시장에서 전자책의 성장 속도에만 매몰된다면 볼 수 없는 큰 시대적 흐름이다. 더욱더 건강한 출판 생태계를 만들기 위해서는 전자책의 역할에 대해 새로운 관점으로 생각해야 한다. 본질적으로 출판 콘텐츠를 만들고, 사고, 보는 모든 활동의 중심은 바로 사람이기 때문이다.

---

1 매일경제, 「오바마 "교육이 중요"… 저소득층 무료전자책 지원 강조」(https://www.mk.co. kr/news/society/view/2015/05/420915/)

콘텐츠 비즈니스와
창작자의 권리[1]

출판 저작권과 비즈니스 관계 변화

일반적으로 출판은 저작자의 정신적 활동을 통해서 만들어진 작품, 글, 미술, 사진 등의 저작물을 창의적으로 편집하여 인쇄 또는 전자적 방법으로 독자에게 배포하는 문화적 행위다. 출판문화산업진흥법에서는 "출판이라 함은 저작물 등을 종이 또는 전자적 매체에 편집, 복제하여 간행물(전자 출판물)을 발행하는 행위"라고 정의한다. 구텐베르크 혁명 이후, 수백 년을 이어온 종이책 중심의 출판 산업은 다양한 정보 통신 기술과 연계되면서 미디어 콘텐츠 산업으로 영역을 넓히고 있다.

세계 출판 산업은 종이책 시장이 축소되고, 전자책을 중심으로 한 디지털 시장이 성장하는 추세다. 2010년대에 접어들면서 스마트폰이 급속하게 보급되었고, 출판 콘텐츠도 전자책과 웹소설, 웹툰 등으로 빠르게 확장되었다. 이렇듯 출판 콘텐츠의 형식은 아날로그에서 디지털로 속성이 변하고, 유통도 오프라인 서점에서 온라인 서점 또는 모바일 앱스토어app store로 시장의 판도가 변화하고 있다.

기본적으로 출판물이 생산과 유통, 소비의 과정을 거치는 일은 창작자의 노력에서 시작된다. 상업적인 가치를 가진 저작물을 출판하고자 한다면 창작자(저작권자)는 저작권을 제대로 인식하고 준수하는 자세를 갖춰야 한다. 저작권법은 저작물을 인간의 사상 또는 감정을 표현한 창작물로 명시하고 있고, 저작자는 저작물을 창작한 자로 규정하고 있다.

통상 저작자는 창작자와 동일한 개념으로 이해되고 그에 부합하는 권리를 확보할 수 있다. 국가가 정한 저작권법에 의해 법적으로 보호받을 수 있으며, 국제적으로는 베른 조약Berne Convention 등에 의거해서 저작자의 권리가 존중된다. 오랜 세월 동안 관련 당국과 법률가, 출판계 전문가가 협력한 끝에 저작권법은 창작자의 권익 보호를 중심으로 개정되고 있다.

순수 창작물은 매년 증가하고 형식도 다양해지고 있다. 또한 출판 콘텐츠 사업 구조가 빠르게 변하면서 창작자의 권익이 오히려 침해되는 사건도 증가하고 있으며, 때에 따라서 법이 시장을 따라가지 못하는 상황도 발생한다. 그리고 그만큼 사회적 합의 과정과 이해관계자 간의 대립을 조정하는 시간도 길어지고 있다.

저작물이 저작자로부터 소비자에게 전달되기 위해서는 저작물에 대한 투자와 유통을 담당하는 이해관계자가 필요하다. 이들은 투자를 회수하고 이익을 얻기 위해 콘텐츠 마케팅을 적극적으로 추진하는데, 창작자와 사업자 사이에서 사전에 체결되는 저작권 계약은 저작물의 유통과 이용에 핵심적인 사항이다. 그런데 국내 출판 저작권 계약이 당사자 모두에게 공정하고 상생을 보장하는지에 대해서는 진지한 고민이 필요하다.

『해리 포터』와 『미생』 등 출판 콘텐츠로 시작해서 OSMU 사업 모델의 원천이 되는 콘텐츠의 저작권은 더욱 중요해졌다. 다양한 채널을 통해 저작물의 부가 가치 창출이 이루어지면서 기대 이상의 수익이 발생하는 경우가 많아졌는데, 사전에 사업자와 창작자 간에 원칙적인 계약이 이루어지지 않으면 추가적인 보상을 받지 못하는 일이 발생한다.

이와 관련해 한국 출판 저작권 계약의 문제점을 상징적으로 보여주었던 것이 바로 『구름빵』이었다. 동화책 한 권으로 10여 년 동안 발생한 관련 매출이 4,000억 원이 넘지만, 작가가 얻은 수익은 1,850만 원이 전부라고 해서 사회적으로 떠들썩했다. 그 이유는 작가가 계약 당시 출판사로부터 일정한 대가를 받고 관련 권리를 모두 넘기는 저작권 양도 계약을 했기 때문이었다. 이러한 저작권 양도 계약은 사용 기간이 무기한이고, 대가를 일시불로 지급하는 형태가 보통이었다. 따라서 저작권 양도 후 저작물의 이용에 따른 경제적 가치가 급등해도 창작자는 추가적인 이익을 얻지 못하는 계약이었다. 이후 분쟁 조정 과정을 통해 출판사 측에서 작가와 맺은 계약서를 수정하고 저작권, 출판

—『해리 포터』 시리즈의 작가 조앤 롤링 홈페이지

권, 2차 저작권에 대한 포기 의사를 밝혔다.

2015년 4월에는 일명 '구름빵 보호법'이라고 불리는 저작권법 개정안이 발의되었다. 매절 계약의 폐해를 없애기 위해 저작권법의 일부를 개정하고 창작자가 유통업자 등에게 공정한 보상을 요구할 법적 권리가 신설된다는 취지였다.[2] 이후, 당시 출판사 직원이었던 사진작가와 공동 저작권자에 대한 이슈로 소송이 있었지만, 2016년 1월 법원은 최종적으로 책에 삽입된 사진은 사진 작업의 전 과정을 기획하고 실제로 담당한 백희나 작가에게만 저작권을 인정했다.

그러나 그 이후, 백희나 작가는 출판사에서 제기한 〈구름빵〉 애니메이션과 캐릭터 등 부가 사업에 대한 권리 침해 소송 1심에서 패소했다. 재판부는 "작가가 이 사건 저작물을 완성해 출판사에게 인도했고, 개발 대가를 지급받았음을 인정하고 있음으로 이 사건 계약은 쌍방 이행이 완료됐다고 볼 수 있다"고 판시했다. 2019년 10월 현재는 항소심이 진행 중이다.[3]

출판 계약은 크게 저작권자의 저작권이 이용자에게 넘어가는 '저작권 양도 계약'과 저작권자에게 저작권이 유보되는 '출판 허락 계약'으로 구분된다. 모두 사업자에 의해 저작자의 책이 출판되고, 그에 대한 일정한 대가가 지급된다는 점에서 외형상으로는 구분하기 어렵다. 상당수의 저작자가 직관적이고 창조적인 창작 활동에 전념하다 보니 법과 계약서 조항 등에는 관심이 없는 편이다. 그래서 저작권이나 관련 계약에 관한 지식이 부족하거나, 주변에 법적인 조언을 해줄 전문가나 지원받을 수 있는 경제적 여력이 없는 경우가 많다.

상대적으로 사업자들은 사업을 영위하면서 저작자 또는 다른 사업자와의 계약 또는 분쟁을 통해 경험과 지식을 얻을 기회가 많은 편이다. 스스로의 경제력으로 비교적 쉽게 전문가의 도움을 얻을 수도 있다. 이렇게 저작자와 사업자 사이의 저작권 계약 관계에 대한 지식 불균형은 우월한 지위에 따른 불공정한 계약 체결의 중요한 원인으로 지목된다.

상생을 위한 합리적인 관계 재구축

출판 콘텐츠 산업의 변화 양상을 토대로 볼 때, 창작자를 지식과 감성을 글로 쓴 저자著者로 한정하는 것은 다시 생각해봐야 한다. 출판 콘텐츠의 속성상 출판 기획 과정에 참여하는 편집자와 디자이너 등도 포함될 필요가 있다. 물론, 원천적인 저작권은 저자 소유라는 점은 부정할 수 없다. 다만 출판 산업의 중장기적인 발전을 위해 창작자를 광의廣義로 재정의하고 관련 조항을 다시 풀어보자는 의미다.

출판계에서는 창작자에 대한 개념을 확대하고 그에 부합하는 시대적 변화를 적용한 저작권법 개선 요구가 제기되고 있다. 국내 저작권법 개정의 역사는 저작자와 저작인접권자의 권리 강화를 위한 법 개정의 역사라고 할 수 있다. 저작물 이용에서 중심적인 역할을 하는 출판자의 권리에 대한 배려는 실질적으로 미흡한 부분이 많다. 저작인접권은 저작물을 공중에 전달하는 데 있어서 자본 투자 및 창의적인 기여를 한 자에게 부여하는 권리다. 이 측면에서 볼 때 실연자, 음반사업자, 방송사업자 등 기존 저작인접권자와 출판자 사이에 차등을 두는 것으로 출판계는 개선을 요구하고 있다.

출판 콘텐츠 창작에 대한 저작인접권은 저작권법상 출판사(출판자)에 판면권版面權을 부여하는 것으로 문제 해결이 가능하다. 판면권은 판면(책의 편집된 페이지)을 만들기 위해 출판사가 기획과 원고 정리, 편집(레이아웃/교정/교열), 제작에 기울인 노력의 결정체에 부여한 저작인접권 같은 권리로 볼 수 있다.

그리고 현행 저작권법은 수업 목적 저작물 이용, 수업 지원 목적 저작물 이용, 도서관에서의 저작물 이용, 교과용 도서에 저작물을 게재한 경우 등에 대해 저자(저작권자)에게 보상금을 지급하도록 규정하고 있다. 이에 따라서 문화체육관광부는 저작물 이용자인 대학, 교육청, 도서관, 교과용 도서 제작자 등이 한국복제전송저작권협회에 보상금을 납부하도록 규정하고 있다. 하지만 이를 통해 확보되는 보상금은 출판물의 저자에게만 지급된다. 도서의 무상 이용과 보상금이 늘어나는 환경에서 저자와 함께 출판 콘텐츠 창작자라고 볼 수 있는 출판사는 배제되어 있는 것이다. 출판자의 목소리가 저작권법 개정에 합리적으로 수용되어야 창작자 중심의 출판 생태계에 발전을 기대할 수 있다.

한편 뉴미디어와 모바일 환경이 일상화되면서 출판 콘텐츠 종류와 유통 방식도 다양해졌는데, 소위 스낵 컬처라고 불리는 웹소설과 웹툰은 큰 틀에서 출판 산업에 포함된다. KT경제경영연구소는 국내 웹툰 산업의 규모가 2020년에 1조 원에 달할 것으로 전망했다. 2017년에 웹툰 플랫폼은 40개가 넘었고, 해외 진출에 성공한 몇몇 플랫폼은 100억 원에서 1,000억 원 규모의 투자를 유치하기도 했다. 이처럼 웹툰은 새롭게 떠오르는 비즈니스 모델로 빠르게 성장하고 있다.

지난 수년간 웹툰 시장은 높은 성장률을 보였지만, 그 반대편에는 불공정 행위, 부당 처우 등의 그림자도 공존한다. 2017년 유명 웹툰 플랫폼인 레진코믹스는 블랙리스트 의혹, 원고료 미지급, 지각비 문제 등으로 연이은 논란을 불러일으켰다. 이에 레진코믹스는 작가 커뮤니케이션 부서 신설, 지체 상금 폐지, 미니멈 개런티MG 인상 등 개선책을 발표했지만, 상호 소송이 진행되면서 논란은 계속 이어지는 상황이다.

업계에서 유명한 작가나 인지도 높은 제작자는 대형 플랫폼과 콘텐츠 계약을 체결할 때 협상력을 발휘할 수 있지만, 무명이거나 신인인 작가들에게는 어려운 일이다. 우월적 지위를 남용해서 저작권과 계약 조항을 위배하는 행위를 벌이는 사례가 늘어나면서 피해를 호소하는 창작자가 늘어나고 있다.

불합리한 창작자의 권리 침해를 바로잡고 서로 상생할 수 있는 환경을 만드는 일은 당사자 간의 노력만으로는 한계가 있다. 갑과 을이라는 현실적인 이해관계가 있고, 개인과 기업이라는 몸집의 차이도 무시할 수 없기 때문이다. 사업을 위해 체결한 계약으로 발생하는 각종 분쟁을 예방하기 위한 첫 단추는 서면으로 작성된 업계 표준 계약서를 쓰는 것이다. 하지만 계약서의 중요성을 제대로 인식하지 못하고 형식적으로 계약서를 작성하는 경우가 많다. 무엇보다 중요한 것은 계약서의 조항이 구체적으로 어떤 의미인지, 당사자가 정확하게 이해하는 일이다. 만약 문제가 있으면 저작권 관련 기관에 상담하거나 전문가에게 자문을 구하는 것이 바람직하다.

1인 창작자와 출판사를 위한 권익 보호도 해결해야 할 중요한 과제다. 한국출판문화산업진흥원에 따르면 1인 출판사는 직원 4명 이하 규모로 대개 출판사 대표가 직접 기획, 필자 섭외, 원고 청탁, 편집, 디자인, 제본, 배본 및 유통과 홍보 등 출판의 전 과정을 담당하는 출판사를 뜻한다. 2013년 4만 4,148개였던 출판사 수는 2016년 5만 3,574개로 증가했다. 이중 연간 1~5종의 책을 발행하는 소규모 출판사는 3,730개에서 4,938개로 늘어났다.

1인 창작자와 출판사가 늘어날수록 불공정 거래와 저작권 침해 문제는 더욱 증가할 것이다. 따라서 창작자 스스로 자신의 권리에 대한 충분한 이해를 갖추는 것이 선행되어야 한다. 더불어 유통 플랫폼 사업자들도 공정한 거래 관계 구축을 위해 창작자들의 권익을 보호하는 법률을 준수해야 한다. 새로운 수익 창출을 위한 2차 저작물 제작과 판권 계약을 채결할 때도 계약 기간과 수익 배분율 등 중요한 사항은 업계 관행이나 표준 계약서를 기준으로 작성해야 한다.

끝으로 불공정 계약 관행을 근절하고 창작자, 사업자, 정부 등 다양한 주체가 모여서 자유롭게 소통할 수 있는 자리 마련과 시스템 구축이 절실하다. 2017년 12월에 문화체육관광부에서 발표한 콘텐츠 산업 중장기 정책 비전의 3대 기본 방향에는 '공정'과 '상생'이 핵심 키워드로 들어 있다. 따라서 앞으로 출판계부터 상생을 위한 산업 환경 조성과 정의롭고 공정한 저작권 기반 강화를 위해 앞장서야 할 것이다. 나아가 지식 문화 산업계 전반으로 확대될 수 있기를 바라본다.

1 이 글은 저자가 〈엔콘텐츠〉 2018년 03+04월 호 vol.5에 기고한 「콘텐츠산업 발전 속도에 맞는 저작권 보호와 시스템 필요」를 수정·보완해서 재수록한 것이다.

2 오픈넷, 「불공정한 저작권 계약 바로잡는 저작권법 개정안 〈구름빵 보호법〉 발의」(https://opennet.or.kr/8897)

3 파이낸셜뉴스, 「매절계약이 창작자의 족쇄?… "관련 법안은 국회 계류 중"」(https://news.naver.com/main/read.nhn?mode=LSD&mid=sec&sid1=102&oid=014&aid=0004288710)

주요 키워드와
주목해야 할 시도들

OSMU One Source Multi Use

하나의 소재를 서로 다른 장르에 적용하여 파급 효과를 노리는 마케팅 전략이다. 문화 산업재의 온라인화와 디지털 콘텐츠화가 급진전하면서 각 문화 상품의 장르 간 장벽이 허물어지고 매체 간 이동이 용이해짐에 따라 하나의 소재one source로 다양한 상품multi-use을 개발하거나 배급할 경우에 시장에서의 시너지 효과가 크다는 판단에 따른 것이다. 근래에는 창구 효과가 큰 문화 산업의 특성에 맞추어 아예 기획 단계부터 영화, 게임, 애니메이션, 캐릭터 등을 망라하는 문화 콘텐츠를 개발하여 효과를 극대화하고 있다.[1]

OSMU는 하나의 인기 소재만 있으면 추가적 비용 부담을 최소화하면서 다른 상품으로 전환해 높은 부가 가치를 얻을 수 있다는 점에서 주목받고 있다. 또한 관련 상품과 매체를 체계적으로 관리할 수 있어 저렴한 마케팅 및 홍보 비용으로 큰 효과를 볼 수 있다는 장점이 있다. 월트디즈니에서 자사의 애니메이션을 이용한 캐릭터 사업으로 막대한 매출을 올리고 있는 경우나 루카스아츠LucasArts사가 〈스타워즈〉를 게임 및 캐릭터로 개발해 큰 인기를 끌고 있는 것 등을 대표적인 사례로 들 수 있다.

구글북스 라이브러리 프로젝트

구글이 2004년부터 시작한 프로젝트. 대학 도서관에 있는 책을 스캔한 후 전자 문서로 만들어 도서관에 기증하거나 무료로 독자에게 제공한다. 구글은 저작권 유효 기간이 만료된 도서는 전문을, 저작권이 남아 있는 경우에는 목차와 내용 일부만을 공개하고 있다. 검색어를 통해 책과 본문 내용을 찾는 서비스도 제공한다. 구글이 프로젝트를 통해 데이터베이스화한 도서는 3,000만 권이 넘는다.

한편, 미국작가협회는 2005년 구글이 원작자의 동의를 받지 않고 책을 복제하고, 발췌 문서로 가공한 것이 원작을 훼손하는 행위일 뿐만 아니라 저작권을 심각하게 침해했다며 구글을 상대로 저작권 침해 손해배상 소송을 제기한 바 있다. 그러나 1심과 2심 법원은 이 프로젝트가 원작의 저작권을 훼손하지 않았고 오히려 가치를 더해줬다고 판단해 구글의 손을 들어주었다. 이후 2016년 4월 미연방대법원이 구글북스 라이브러리 프로젝트가 저작권을 침해하지 않았다고 최종적으로 판단하면서 이 소송은 10년 만에 마무리되었다.[2]

구글 엔그램 뷰어 Ngram Viewer

구글은 2004년 전 세계 책들을 디지털화하는 구글북스 라이브러리 프로젝트를 선언한 뒤 9년 만에 3,000만 권 이상의 책을 디지털화했다. 엄청난 빅데이터가 탄생한 셈이다. 미국 하버드대학교의 젊은 과학자인 에레즈 에이든과 장바티스트 미셸은 구글북스 라이브러리를 이용해 새로운 실험을 했다.

— 구글 엔그램 뷰어 화면

이들은 디지털화된 책 중 800만 권을 추려냈고, 검색창에 단어를 입력하면 해당 단어가 지난 500년간 이들 책에서 사용된 빈도의 추이를 그래프로 보여주는 프로그램을 만들었다. 이것이 바로 '구글 엔그램 뷰어'로, 1512년부터 2012년까지 8개 언어로 쓰인 책 800만 권에 실린 8,000억 개 단어의 사용 빈도 추이를 그래프로 보여주는 프로그램이다.

구글 토크 투 북스Talk to books

2018년 4월에 테드TED 2018 콘퍼런스에서 구글의 인공 지능 분야 임원인 레이 커즈와일이 공개한 서비스다. 구글북스의 출판 데이터와 인공 지능 기반의 머신 러닝을 결합했다.

구글북스에 있는 책 10만 권의 모든 문장을 스캔해서 책과 저자는 물론, 질문에 맞는 적절한 문장과 해당 페이지까지 찾아주는 방식이

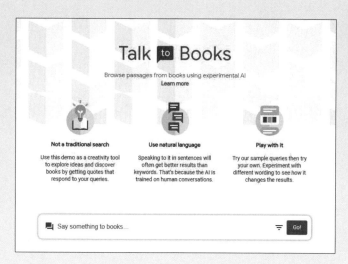

다. 질문도 평소에 사람에게 말하는 것처럼 자연스러운 문장으로 하면 된다.[3]

구글은 이미 확보한 수천만 건의 출판 관련 데이터를 기반으로 다양한 실험을 하고 있다. 토크 투 북스는 자연어 처리가 가능한 구조로 설계되어 있다. 따라서 사람들과의 교류가 지속될수록 더 논리적이고 적합한 결과물을 스스로 만들어간다. 인공 지능을 통해 책과 더 깊은 대화를 할 수 있는 시대가 빠르게 다가오고 있음을 실감할 수 있는 서비스다.

구찌Gucci의 서점 오픈

고가의 패션 브랜드로 유명한 구찌가 뉴욕 브로드웨이에 있는 매장에 서점Gucci Wooster Bookstore을 오픈했는데, 2005년에 설립한 대

시우드 북스Dashwood Books의 데이비드 스트렛텔David Strettell 대표
가 큐레이팅한 예술, 패션, 사진, 디자인 관련 2,000종의 도서와 잡
지를 진열했다. 구찌는 시즌별로 도서를 교체하고, 낭독회 등 각종
이벤트도 매장에서 진행할 예정이다. 이를 위해 전문 직원도 채용했
다.[4] 독특한 매장 경험을 제공하기 위한 구찌의 의지가 엿보인다. 책
이 공간 장식품으로 전락하는 것 아니냐는 우려도 있지만, 대중이 책
과 멀어지는 시대에 이런 활동은 큰 의미가 있다. 무엇보다 유명 기
업에서 자사의 브랜드 강화 전략 차원에서 책과 책 문화를 접목하는
데 관심을 기울이고, 투자를 지속한다는 점이 중요하다. 이번에 구찌
의 사례가 더욱 돋보이는 것은 지역에 있는 서점과 적극적으로 협력
한 부분이다. 지역과 브랜드의 특성에 맞춘 큐레이션 역량은 단박에
갖추기 어려운데. 구찌는 이를 협력 모델로 풀어냈다.

구텐베르크 프로젝트 Project Gutenberg

1971년 마이클 하트가 인류의 자료를 모아서 전자 정보로 저
장하고 배포할 목적으로 진행한 프로젝트다. 지식의 전달을 급속도
로 확장시킨 요하네스 구텐베르크의 이름에서 따왔으며, 인터넷에
전자화된 문서e-text를 저장해놓고 누구나 무료로 책을 받아 읽을 수
있는 가상 도서관을 만드는 것을 목표로 한다. 다수의 자원봉사자가
인터넷을 이용해 기여하여 만들어지는 프로젝트로, 수많은 고전의
원문이 모여 있다.

2006년 3월 구텐베르크 프로젝트의 발표에 따르면, 18,000개 항

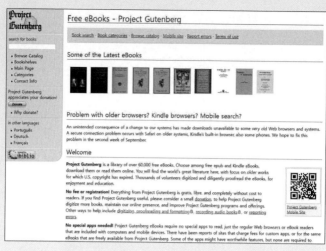

— 구텐베르크 프로젝트 홈페이지

목 이상의 전자 문서를 보유하고 있으며, 매주 50여 개의 전자책이 새롭게 등록되고 있다. 프로젝트에 등록된 전자책은 대부분 서구의 문학 작품이다. 소설, 시, 단편 소설, 드라마 등의 문학 작품 외에 요리책, 사전류, 정기간행물이 포함되어 있다. 일부 오디오 파일과 음악 악보 파일도 있다. 인코딩된 문서를 이용자가 직접 다운로드할 수 있으며, HTML과 PDF 형식으로 이용할 수 있다.[5]

노블 코믹스 Novel comics

흥행한 소설 IP를 기반으로 제작된 웹툰을 의미한다. 높은 완성도와 검증된 소설의 인기를 바탕으로 초반 흥행이 보장된다. 노블 코믹스가 성공하면 원작 웹소설의 매출도 함께 증가한다. 웹툰의 독자가 웹소설로 다시 유입되기 때문이다. 노블 코믹스를 주도하는 디앤씨미디어는 카카오페이지와 원스토어 등에 웹툰이나 웹소설 전문 콘텐츠를 공급하고 있으며, 800편 이상의 작품과 400명 이상의 작가를 확보하고 있다. 디앤씨미디어에서는 자회사인 디앤씨웹툰을 통해 장르 소설 인기작 IP인 「황제의 외동딸」, 「버림받은 황비」, 「이세계의 황비」 등을 노블 코믹스로 제작했으며, 웹툰 기획과 웹툰 작가 발굴, 신인 작가 투자, OSMU 등 다양한 사업을 벌이고 있다.[6]

독립 출판

독립 출판은 책을 쓴 작가가 출판사를 거치지 않고 직접 저작물을 기획, 편집, 출판, 유통하는 것을 말한다. 독립 출판한 저작물은 대부분 전자책 형태로 소비자에게 유통되지만, 종이책으로도 생산 가능하다. 최근에는 전자책 독립 출판을 지원하는 시스템과 사업자가 늘고 있으며, 도서 유통사와 유명 오프라인 서점 체인도 전자책 독립 출판 사이트를 운영하고 있다. 독립 출판을 위한 전자책 전문 사이트도 생겼다. 독립 출판 서적은 유명 온라인 도서 판매 체인에서 판매할 수 있다. 출판사와의 계약 관계와 복잡한 수수료 문제, 지나친 검열 등을 원치 않는 작가들이 독립 출판을 이용하고 있으며, 자서전부터 SF, 미스터리, 스릴러, 로맨스 등 다양한 장르에서 독립 출판이 이뤄지고 있다.

교보문고가 운영하는 독립 출판 시스템 퍼플을 비롯해 독립 출판을 지원하는 전자책 전문 제작 사이트도 많다. 세계 최대 온라인 서점 아마존은 독립 출판을 위한 킨들 직접 출판KDP 시스템을 운영하고 있다. KDP는 개인화된 온라인 비즈니스 대표 모델로 주목받고 있으며 이를 통해 출판된 중편 스릴러 소설 『울Wool』은 100만 달러 (약 11억 9,000만 원) 이상의 수익을 올린 초대박 흥행작으로 꼽힌다. 『울』은 독립 출판 시대가 열렸음을 증명한 작품이라는 평가를 받았으며 기존 출판업계에 경종을 울렸다. 애플 역시 자사 전자책 플랫폼 아이북스에 책을 올릴 수 있는 아이북스 오서를 무료로 배포하고 사용자들의 출판을 독려하고 있다.

독서 경영 Reading management

독서를 하면서 그 내용을 업무에 어떻게 적용할 수 있을지를 고민하고, 자기 생각과 아이디어를 제출하거나 토론을 한다. 그리고 최종적으로 지적 자산을 축적하고 전파함으로써 기업의 문화를 발전시키며 생산성 향상 및 기업의 성과를 높이는 경영 기법으로 연결된다. 일반적으로 독서 경영은 기업의 지속적인 성장 토대를 마련하는 데 기여하며, 개인적인 학습에 머무르지 않고 조직 내부로 학습 내용이 전파됨으로써 개인과 조직이 동시에 발전할 수 있다. 개인 독서와 집단 독서를 통하여 개인과 조직의 역량을 기를 수 있다.

독서 경영의 효과는 독서를 통한 구성원의 창의성 제고, 개개인의 리더십 향상, 조직 내외 커뮤니케이션의 활성화, 조직 내 공통된 가치관 및 일체감 형성, 불확실한 경영 환경에 대한 적응 및 의사 결정 능력 향상 등을 기대할 수 있다. 마이크로소프트의 빌 게이츠는 본인의 성공 비결을 독서라고 밝히며 '게이츠 노트'라는 블로그를 운영하며 약 200여 권의 책을 소개했다. 이처럼 세계 주요 혁신 기업의 CEO들은 독서가 개인과 기업의 혁신 역량을 키우기 위한 중요한 수단이라고 생각한다.

리베리오 Liberio

2014년에 베타 버전으로 나온 서비스로 독일 베를린에서 니콜라스 짐머가 캣 누운과 공동 창업한 전자책 스타트업이다. 구글 드라이브의 문서를 활용해서 쉽게 전자책을 만들어 배포할 수 있다. 리베리오 플랫폼에서 완성된 원고는 이퍼브EPUB, 모비MOBI 포맷으로 다운로드 가능하고, 센드 투 킨들send to kindle, 구글 플레이북스play books에서 읽을 수 있게 시스템을 지원한다.[7] 이용자는 SNS를 통해 다수의 작품을 외부에 공유할 수 있다. 무엇보다 이용자의 구글 드라이브 문서를 활용한 것과 아마존 킨들 뷰어에서 읽을 수 있게 만든 점이 유용하다. 디지털 퍼블리싱의 시대가 이런 기업과 모델을 만들어가고 있는 것이다. 수많은 개인이 쌓아두고 생성하는 자료들은 무수하다. 그중에서 전자책이라는 모습으로 재탄생해서 새로운 가치를 만들 수 있는 작품이 많다. 결국, 전자책 제작 플랫폼은 누가 더 간편하게 생산자와 소비자를 연결하느냐에 따라 성패가 좌우된다.

리지닷컴 reedsy.com

책 제작과 출간을 원하는 저자에게 뛰어난 에디터와 디자이너, 마케터를 연결해주는 플랫폼이다. 현직에서 뛰고 있는 출판 전문가 풀을 갖추고 원고의 완성도를 높여준다. 자가 출판의 약점인 에디팅과 디자인을 전문가에게 맡김으로써 품질을 높일 수 있다. 흔히 닥터링이라고도 하는데, 진행 수준은 저자(신청인)가 3~4개 단계 중 선택할 수 있다. 이어 오픈 플랫폼을 통해 출판 콘텐츠의 제작과 마케팅 수준을 적정한 금액으로 확보할 수 있다.

이러한 출판 플랫폼은 신인 또는 준프로 저자들에게 매력적일 것이다. 자가 출판과 상업 출판의 중간 지대에서 서로 보장된 거래가 가능하기 때문이다. 이제 출판 에디터와 디자이너, 마케터는 포트폴리오와 경력 관리를 바탕으로 새로운 플랫폼 시대에 적극성을 보여야 한다. 또한 가능성 있는 저자가 쓴 양질의 초고를 발견할 수 있으며 그 기회가 더욱더 확장될 수 있다.

문고X

제목과 저자의 이름이 보이지 않게 표지 전체를 불투명 커버로 덮은 책이 서점에 진열되어 있다면 대부분의 독자는 어떤 책일지 궁금한 마음에 진열대로 향할 것이다. 이것은 바로 '문고X'에 관한 이야기다. 문고X는 일본의 사야와 서점의 문고 담당자인 나가에 다카시의 아이디어에서 시작되었다. 표지에는 "당신이 이 책을 읽었으면 좋겠다", "당신의 기가 질리는 기분을 이해한다" 등 직원이 직접 손으로 쓴 문구가 적혀 있으며, 직접 사서 읽어본 독자들만 어떤 책인지를 알 수 있다.

문고X의 장점은 세금을 포함해 810엔(약 8,700원)의 저렴한 가격, 쉽게 읽히는 논픽션이라는 점, 500쪽 이상의 장편이라는 점이다. 영수증에도 책 제목이 표시되지 않아 기대감을 만끽할 수 있다. 이미 소유한 책이면 환불도 가능하다.[8] 요즘에는 SNS에 문고X 책의 정체를 밝히는 독자가 많아져서 궁금증을 쉽게 해결할 수 있다. 여기에서 흥미로운 점은 정체가 공개되는 책이 많다고 해서 문고X의 인기가 꺾이는 건 아니라는 점이다. 속을 알 수 없는 표지에 또 다른 책이 숨겨져 있다는 사실이 호기심을 계속 자극하기 때문이다.

국내에서는 마음산책, 북스피어, 은행나무, 이 세 출판사가 개봉열독이라는 이름으로 한국판 문고X 이벤트를 추진한 바 있다. 각자 펴낸 신간의 제목과 표지를 가리고 온라인 서점에서 예약 판매를 진행했다. 교보문고도 광화문점을 비롯한 15개 지점에서 오프라인 이벤트를 공동으로 진행했다. 영국 옥스퍼드에 있는 블랙웰 서점에서도 노벨 서프라이즈A Novel Surprise라는 이름으로 서점 직원들이 직접 고른 책을 제목과 저자를 가린 상태로 판매한다.[9] 이미 미국과 유럽의 여러 서점에서 문고X와 비슷한 콘셉트로 책의 첫 문장이나 해시태그 형태의 키워드 등을 표지에 적은 책이 인기를 얻고 있다. 이러한 변화는 오프라인 서점의 무거운 분위기와 책을 선택하는 과정에서 느끼는 부담감을 과감하게 덜어준다. 독자들의 호기심을 자극하고, 입소문을 통해 새로운 책과 만나게 한다는 점에서 만족도가 높은 이벤트로 평가된다.

복간닷컴

독자 참여형 복간 서비스를 운영하는 일본 사이트다. 일본에서도 출판계 불황이 계속되면서 절판되거나 재판再版이 결정되지 않는 등 책의 수명이 짧아지고 있다. 하지만 이 같은 상황에 저항하는 복간 움직임도 존재하는데, 복간을 원하는 독자들의 요청이 있기 때문이다. 이 사이트에서는 독자 투표를 통해 복간을 결정한다. 온라인으로 독자 투표를 실시해 100표 이상이 넘으면 구판舊板 출판사와 복간을 위한 교섭에 들어간다. 교섭 기간은 통상 6개월 정도 소요되나 작품에 따라서 차이가 크다. 사이트 오픈 이후, 지난 20여 년간 48만 명의 회원이 투표에 참여했으며, 투표수는 85만 3,000표였다. 복간 요청을 받은 5만 3,000종 가운데 5,400종을 복간했다.[10]

북스 아 마이 백Books Are My Bag

'북스 아 마이 백BAMB'은 영국서점협회BA에서 주도하는 프로그램이다.[11] 서점, 출판사, 작가, 유명 인사 등이 협업하여 오프라인 서점을 활성화하기 위해 2013년에 시작한 캠페인으로, 주황색으로 'Books Are My Bag'이라고 새겨진 에코백을 든 작가, 유명 인사 들의 사진을 게시하고 소셜 미디어를 통해 입소문을 내면서 홍보 효과를 높였다. 이와 함께 세련된 한정판 상품을 제작해서 잠재적 독자들의 관심을 높였다. 세계적인 유명 작가들이 토트백을 들고 SNS를 통해 캠페인에 동참했으며, 평소 애독가로 알려진 유명 인사들도 자발적으로 참여했다. 매년 영국서점협회는 삽화가와 디자이너를 섭외해서 한정

— '북스 아 마이 백' 홈페이지

판 에코백과 토트백을 제작한다. 캠페인 전용 가방은 영국 전역의 오 프라인 서점에서 서점의 날Bookshop Day 행사를 통해 판매된다.

이 캠페인은 2013년 영국서점협회 회장이었던 제인 스티리터 Jane Streeter와 랜덤하우스의 게일 리버크Gail Rebuck의 제안으로 영 국의 광고 회사인 엠엔씨사치M&C Saatchi가 기획했고, 당시 런던 도 서전에서 슬로건이 발표되었다. 캠페인의 목적은 온라인 서점의 급 성장으로 번화가에서 밀려나거나 문을 닫는 오프라인 서점을 살리 기 위해 인식을 개선하기 위함이다. 기존의 서점 관련 캠페인은 서점 을 살리기 위해 후원을 요청하는 소극적 콘셉트였으나, BAMB 캠페 인은 오프라인 서점이 가진 경쟁력과 브랜드 가치를 강조하면서 오 프라인 서점이 흥미롭고 소중한 독서 공간이라는 점을 독자들에게 적극적으로 알리는 것이 목표다.

부록 주요 키워드와 주목해야 할 시도들

북튜브Booktube

책과 유튜브의 합성어로, 책과 관련된 콘텐츠를 다루는 유튜브 채널을 말한다. 주로 하나의 주제에 맞춰 책을 선정하거나 새로 나온 책을 다루고, 운영자의 취향에 맞는 책을 소개하는 편이다. 게임, 먹방, 쿡방, 뷰티 콘텐츠가 대세인 유튜브에 북튜브 채널이 등장한 것은 불과 2~3년 전이다. 2019년 10월 현재 국내에는 30~40여 개의 전문 북튜브 채널이 개설되어 있다.

분키쓰文喫

2018년 12월에 일본 도쿄에 문을 연 분키쓰는 아오야마 북센터를 리모델링한 문화 공간이다. 오전 9시부터 밤 11시까지 입장료 1,500엔(약 1만 6,000원)으로 종일 이용할 수 있다. 3만 권의 책을 제한 없이 볼 수 있으며 90개의 좌석이 비치되어 있다. 분키쓰는 도서관 방식으로 운영되며 커피와 음료가 무한으로 제공된다.

약 460평의 공간에는 책만 읽을 수 있는 관람실, 간단한 회의를 할

— 분키쓰 내부(https://twitter.com/bunkitsu_rpng)

수 있는 연구실, 다과를 즐기며 책을 읽을 수 있는 카페 공간이 별도로 마련되어 있다.[12] 분키쓰는 베스트셀러보다는 문학, 자연과학, 디자인, 예술 분야까지 호기심을 자극할 만한 것에 집중해 책이나 잡지를 진열한다. 또한 정기적으로 기획전을 열고, 미술 전시회도 연다.

비블리오 배틀 Biblio Battle

책을 뜻하는 비블리오biblio와 전투·대결을 의미하는 배틀battle의 합성어로 지적인 서평 대결을 목표로 한다. 2007년에 교토대학에서 시작되었는데, 이 대학의 정보학연구과 공생시스템론 연구실의 다니구치 다다히로가 공부 모임을 더 재미있게 운영할 수 있는 방법으로 창안했다. 인공 지능 연구자인 다니구치는 좋은 책을 즐겁게 만날 수 있는 기회를 만드는 동시에 인간의 뇌는 말하지 않으면 활성화되지 않는다는 생각으로 즉흥성을 중시해 어떤 준비도 없이 책을 소개하는 방식을 도입했다.

비블리오 배틀은 유튜브를 통해 빠르게 알려졌고, 교토대를 넘어 여러 대학으로 확산되면서 2010년에는 비블리오 배틀 보급 위원회가 설립된다. 같은 해 비블리오 배틀 대학생 대회가 시작되었고, 총 5,000여 명이 넘게 프로그램에 참석했다. 비블리오 배틀 보급 위원회는 "사람을 통해 책을 안다. 책을 통해 사람을 안다"는 선전 구호를 내걸고 있다. 2018년 8월에는 국내에서도 〈비블리오 배틀〉이라는 이름의 파일럿 프로그램이 제작되어 MBC에서 방송된 바 있다.[13]

소셜 리딩 social reading

디지털 텍스트를 읽기 전과 후, 그리고 읽는 과정에서 텍스트를 둘러싸고 정보, 지식, 정서 등을 저자와 독자, 독자와 독자가 서로 공유하며 교류하는 읽기를 의미한다. 소셜 리딩을 전자책과 SNS가 시장에 확산된 이후에 등장한 것으로 보는 시각도 있지만, 입소문을 통한 책 추천이나 종이 매체에 실린 리뷰 등을 통한 공유도 소셜 리딩의 시작점이라고 할 수 있다. IT의 발전으로 인터넷 네트워크가 더 지능화되고, 각종 스마트 기기의 빠른 보급으로 소셜과 연결된 사람들의 활동이 다양해지고 편리해졌다는 사실은 소셜 리딩의 진화에 긍정적인 요소로 작용한다. 본문에 중요 표시를 하는 책갈피, 형광펜으로 밑줄 긋기, 포스트잇 Post-it을 이용한 메모하기 등은 독자에게 오래된 독서 습관으로 자리 잡았는데, 이를 IT와 결합해 더욱 편리하고 유용한 환경에서 독서 활동이 가능하도록 지원한다.

새로운 읽기 방식으로 소셜 리딩이 주목되는 측면은 디지털 텍스트의 이용 전후에 일어나는 지식과 정보의 교류보다는 읽으면서 동시에 실시간 커뮤니케이션이 가능하다는 점이다. 또한 기존의 종이책 읽기와 달리 전자책 읽기의 경우에는 이미 책을 읽었거나 읽고 있는 다른 독자와의 커뮤니케이션이 책 전체가 아닌 한 문장 단위로 미시적인 수준까지 심화될 수 있다. 예를 들어, 아마존 킨들의 전자책을 이용해보면 책 본문 중에 점선으로 밑줄이 그어진 '파퓰러 하이라이트 Popular Highlight'를 볼 수 있다. 이 문장에 다른 독자 몇 명이 밑줄을 그었는지도 알 수 있는데, 소셜 미디어의 기능이 이제 짧은 텍스트로까지 확대되고 있음을 알 수 있다.

스낵 컬처 snack culture

과자를 먹듯 5~15분의 짧은 시간에 문화 콘텐츠를 소비한다는 의미다. 웹툰, 웹소설, 웹드라마가 대표적인 콘텐츠다. 시간과 장소에 구애받지 않고 즐길 수 있는 스낵처럼 출퇴근 시간이나 점심시간 등 짧은 시간에 간편하게 문화생활을 즐기는 생활 양식 또는 문화 트렌드를 말한다. 지하철역이나 병원 등에서 이루어지는 작은 음악회, 직장인이 점심시간 등과 같은 자투리 시간에 즐길 수 있는 문화 공연이나 레포츠 등으로 시작되었다. 2010년을 전후해 스마트 기기가 대중화되면서부터는 스마트 기기를 활용해 웹이나 영상 콘텐츠를 즐기는 방식이 등장했다.

아마존 킨들 매치북 Kindle matchbook

2013년에 출시한 서비스로, 종이책을 사면 전자책을 무료 혹은 저렴한 가격에 제공하는 모델이다. 전자책은 아마존의 전자책 전용 기기 킨들뿐 아니라 킨들 앱을 설치한 PC와 스마트폰, 태블릿 PC에서도 읽을 수 있다. 아마존은 종이책을 구입한 사용자에게 전자책을 2.99달러 이하의 가격에 제공한다. 아마존 홈페이지에는 킨들 매치북 적용 대상 도서 약 1만 권이 목록으로 게시돼 있다. 아마존은 목록에 있는 책을 아마존 사이트를 통해 구매한 적이 있으면, 신규로 구입한 책이 아니더라도 소급해 적용한다. 킨들 매치북은 2019년

10월까지 서비스를 운영한다. 실제로 서비스되는 작품의 종수가 적은 것도 있고, 아마존에서도 적극적으로 홍보하지 않았다. 이미 종이책을 구매했기 때문에 2~3달러의 전자책을 살 필요성이 낮았다는 평가가 많았다. 특히, 이름이 알려진 저자의 작품은 그런 반응이 많았다. 신인 저자나 셀프 퍼블리싱 플랫폼을 통해 직접 출간한 저자들이 마케팅용으로 많이 활용했지만, 판매로 크게 이어지지는 않았다.

아마존 킨들 스카우트

킨들 프레스가 출판할 전자책을 독자가 추천할 수 있는 플랫폼이다. 독자들은 로맨스, 판타지, SF 또는 미스터리와 같은 범주를 살펴보고 발췌문을 읽어본 뒤, 최종적으로 출판되었으면 하는 작품을 추천한다. 독자는 나열된 모든 전자책의 단어를 5,000단어까지 읽을 수 있으며, 최대 3개의 전자책을 추천할 수 있다. 제출된 원고는 기존에 출판되지 않았어야 하며, 5만 단어 이상으로 작성된 것이어야 한다. 일단 킨들 스카우트의 캠페인에 책이 받아들여지면, 책의 페이지가 만들어지고 30일간의 캠페인이 시작된다.

저자는 책의 전체 본문과 함께 제목, 표지, 태그, 개인 블로그 주소를 함께 제출한다. 30일간의 유세 기간 동안 저자는 자신의 작품을 아마존 스카우트 내의 핫 트렌딩 차트 등을 통해서 적극적으로 홍보할 수 있다. 30일간의 캠페인이 끝난 후, 킨들 출판사 편집자들은 책계약을 진행할 것인지를 15일 이내에 결정한다. 본인의 책이 선정되면 저자는 1,500달러의 선지급금과 인세의 50%를 받게 된다. 그리고 그 작품을 추천한 독자는 전자책을 무료로 받게 된다. 책이 완성되면 아마존은 매달 인세를 지불한다. 선택된 책은 전문적인 편집이 이루어지며, 저자는 변경 사항을 받아들이거나 거부할 수 있다. 아마존은 인쇄권을 제외한 모든 권리를 가진다. 만약 전자책이 처음 5년 동안 2만 5,000달러를 벌어들이지 못한다면, 저자는 그 권리를 되돌려 달라고 요청할 수 있다. 250여 종의 도서가 정식 출간되었지만, 2019년 10월 현재 서비스가 중단된 상태다.

앱북 app book

응용 프로그램을 뜻하는 '애플리케이션'과 책이란 뜻의 '북'을 합친 용어로, 스마트폰 앱처럼 다양한 기능을 갖춘 책을 의미한다. 국내에서는 2010년 앱북 개발사가 기존의 디지털 콘텐츠와 전자책과 구분하기 위해서 이 용어를 사용하기 시작했다. 앱북은 아이폰과 아이패드용 앱을 찾을 수 있는 애플 앱스토어의 '도서' 카테고리에서 출발했다.

앱북은 기본적으로 모바일 앱이라는 형식에 기성의 책을 담은 미디어다. 기존의 종이책 내용을 그대로 가져오는 것이 아니라, 모바일 앱의 다양한 기능과 확장성을 이용했다. 앱북은 기존 전자책이 삽화나 사진 등의 이미지만을 제공하던 것과는 차이가 있다.

멀티미디어 파일을 삽입해 동영상, 음악, 효과음, 슬라이드 이미지, 웹페이지, 지도, SNS 등을 연결할 수 있다. 실시간으로 변화하는 동적인 정보도 삽입해 제공할 수 있으며, 움직임이 있는 애니메이션을 구현하고 터치에 반응하는 인터랙티브 기능도 넣을 수 있다.

에스프레소 북 머신 Espresso Book Machine

소규모 주문형 인쇄 시스템으로 한 권의 책을 몇 분 안에 인쇄하고 제본하는 기능이 한 번에 진행되는 제책 장비다. 소매 서점이나 작은 도서관에 들어갈 수 있을 만큼 작아서 주로 소매 시장과 도서관에서 유용하게 사용된다. 커피 한 잔을 마실 수 있는 시간인 5분 만에 책을 인쇄하기 때문에 에스프레소 북 머신이라고 부른다. 미국의 온디맨드북스가 개발 및 판매를 하고 있으며, 미국의 대형 출판사 및 온디맨드북스가 확보해놓은 출판사의 작품 등 총 300만여 권을 인쇄할 수 있다.

서점에 책을 쌓아놓고 판매하는 것보다 사용 공간을 줄일 수 있고, 서점에서 실제로 판매되는 것보다 많은 양의 책을 출판사에 주문하지 않아도 되기에 재고 걱정을 덜 수 있다. 독자 입장에서는 원하는 책을 찾기 위해 여러 서점을 방문해야 하는 수고를 덜 수 있고 절판되거나 희귀한 서적도 쉽게 구할 수 있다.

오디오북 audio book

테이프, CD, MP3 등을 통해 귀로 듣는 책을 총칭하는 용어로 귀로 듣는 책 또는 귀로 읽는 책을 의미한다. 디지털 기술의 급속한 발달과 함께 '듣는 책'의 개념이 일반화되면서 미국에서는 오디오북이 전체 출판물 시장의 10%를 차지하는 등 갈수록 늘어나는 추세

— 에스프레소 북 머신 세트

다. 전통적인 오디오북 외에 MP3로 책의 일부를 다운받아 들을 수 있는 등 형식도 다양해졌다. 국내에서도 2000년 이후 오디오북 시장이 활기를 띠기 시작하면서 오디오북 전문 업체가 생겨나고, 심지어 '책 읽어주는 사람'을 뜻하는 북 텔러book teller가 신종 직업으로 등장했다. 기존의 축약 형태에서 원문을 그대로 녹음해 출시하는 등 분량에 구애받지 않고 녹음한 오디오북도 등장했다.

한편 가장 대표적인 오디오북 업체는 아마존이 인수한 오더블이다. 이곳은 인터넷에서 오디오 엔터테인먼트, 정보 및 교육 프로그램을 판매하는 프로듀서 플랫폼이다. 디지털 오디오북, 라디오 및 TV 프로그램, 잡지 및 신문의 오디오 버전을 판매하는데, 자사의 제작 부문인 오더블 스튜디오Audible Studio를 통해 오디오북의 세계 최대 생산 업체가 되었다. 오더블의 콘텐츠는 아마존 계정을 통해 무단 재생을 방지하고 있으며, 특수한 소프트웨어를 통해서만 이용할 수 있다.

오프라인 매장과 콘텐츠 제휴 마케팅(월마트와 코보 사례)

월마트와 코보가 손을 잡았다. 일본의 라쿠텐Rakuten이 인수한 코보는 원래 캐나다에서 창업한 전자책 전문 플랫폼이다. 라쿠텐은 코보에 이어 오버드라이브Overdrive도 인수하면서 전자책 사업에 공격적으로 투자한 바 있다. 유통과 전자책 사업에서 아마존을 라이벌로 삼고 있는 두 회사의 전략적 제휴가 주목된다.

'월마트 ebooks'는 전용 앱 또는 코보 전용 기기를 통해서 이용이 가능하다. 이번 제휴로 월마트 고객은 600만 종 이상의 전자책을 개인 계정으로 구입할 수 있다. 1,000개의 월마트 오프라인 매장에서는 전용 기기인 코보 오라Aura를 판매한다. 아마존의 오더블보다 더 저렴한 월 9.9달러에 오디오북 구독 서비스도 제공한다.

일반 상품 판매가 주력 사업이지만, 콘텐츠 판매는 고객과의 새로운 접점을 만들고 고객 충성도를 높일 수 있는 분야다. 서비스를 이용하고 남기는 각종 데이터는 해당 고객을 더 깊게 파악할 수 있는 중요한 마케팅의 근원이 된다. 아마존의 사업 전략이 가장 대표적이며 성과로써 이를 증명하고 있다.

웹소설

웹에 업로드된 소설을 스트리밍 방식으로 실시간으로 볼 수 있는 소설을 말한다. 종이로 된 소설책이나 전자책과의 가장 큰 차이

점은 종이책과 전자책은 많은 양의 데이터나 내용을 한 번에 구입하거나 다운로드해야 한다면, 웹소설은 1편에 3~5분 정도의 짧은 시간 내에 읽을 수 있는 분량으로 소설이 분절되어 판매되는 방식이다. 주로 스마트폰에 최적화된 형태의 웹소설은 기술의 발전에 따라 자연스럽게 등장한 소설의 변화된 유통 형태로 볼 수 있다.

웹소설 시장의 흐름은 웹소설 플랫폼을 중심으로, 플랫폼 업체에 콘텐츠를 전문적으로 제공하는 CP contents provider 회사, CP 회사와 계약을 맺고 웹소설을 제작하는 창작자로 구성되며, 소비자는 플랫폼을 통해 웹소설을 접한다. 플랫폼에서 연재된 작품 가운데 일부는 종이 출판물로 제작되어 CP 회사를 통해 소비자에게 전달되기도 한다. 웹소설의 웹툰화와 드라마화 등 미디어 믹스 media mix를 통한 IP의 확장성, 짧은 시간에 높은 만족도의 콘텐츠를 다량으로 소비하는 이른바 스낵 컬처의 욕구 등 다양한 요인이 결합된 웹소설 시장은 계속해서 성장을 거듭하고 있다.

이퍼브 EPUB

전자 출판 electronic publication의 줄임말로, 국제디지털출판포럼 International Digital Publishing Forum에서 정한 전자책의 기술 표준이다. 2007년 9월에 전 세계 공식 표준이 된 이후 많은 전자책 업체가 EPUB 형식을 채택해 전자책 콘텐츠를 생산하고 있다. 북미의 경우에는 아마존 킨들을 제외한 대부분의 전자책 기기에서 EPUB 형식을 지원하며, 국내 전자책 업체들도 대부분 지원하고 있다. EPUB는

HTML, CSS, 자바스크립트 등을 활용해 제작된다. 웹 페이지와 동일하며, 웹페이지로 표현할 수 있는 것은 EPUB로도 모두 표현 가능하다. 전자책 포맷에는 EPUB, PDF, AZW 등이 있으며, 가장 보편적으로 사용되는 형식이 EPUB다. 가장 큰 장점은 자동 공간 조정 reflowable이 가능하다는 것인데, 사용하는 기기의 크기에 맞춰 자동으로 최적화되는 기능이다. PC 모니터처럼 큰 화면에서 한 페이지 분량에 달하는 콘텐츠가 스마트폰과 같이 작은 기기에서는 여러 페이지로 자동 분할되는 구조다.

증강 현실 전자책 AR book

증강 현실은 가상 현실에서 파생된 기술로, 현실 세계와 가상의 체험을 결합하는 기술을 의미한다. 즉, 실제 환경에 가상 사물을 합성하여 원래의 환경에 존재하는 사물처럼 보이도록 하는 컴퓨터 그래픽 기법이다. 증강 현실 전자책은 도서의 이미지나 배경 위에 화면을 비추면 3차원의 가상 이미지가 동영상과 함께 보이는 형태다. 주로 전용 앱을 통해 이용할 수 있으며, 동영상과 부가 정보들이 동시에 지원되기 때문에 유아, 초중등 교육 출판 콘텐츠 시장에서 유용하게 사용된다.

채팅형 소설 chat fiction

카카오톡, 페이스북 메신저와 같은 SNS의 채팅 방식을 차용해 스마트폰으로 구독하는 소설이다. 채팅형 소설은 등장인물이 서로 채팅을 주고받는 형식으로 이야기가 진행된다. 텍스트뿐만 아니라 비디오, 사운드, 이미지까지 지원한다.

아마존은 2016년 11월 채팅형 소설 앱인 아마존 래피즈Amazon rapids를 출시했다. 래피즈는 월 구독료가 2.99달러였으나 2018년부터 무료로 변경했다. 아마존은 인공 지능 음성 비서 알렉사를 통해서도 래피즈 콘텐츠를 제공한다. 미국 인터넷 매체 〈악시오스〉는 얀, 훅드 등 채팅형 소설 앱이 미국의 10대 사이에서 인기를 끌며 성장하고 있다고 분석했다. 미국의 IT 전문 매체 〈테크크런치〉는 채팅으로 소통해온 젊은이들에게 채팅 형식 소설이 더 매력적이라고 설명했다. 채팅형 소설은 영상에 익숙한 10대들이 선호한다는 분석도 있다.[14]

큐레이션curation

다른 사람이 만들어놓은 콘텐츠를 목적에 따라 분류하고 배포하는 일을 의미한다. 콘텐츠가 많아질수록 선별된 양질의 정보에 대한 수요가 커지는데 큐레이션은 이런 수요를 충족시키기 위한 것이다. 또한 신규 비즈니스 기회가 콘텐츠 제작에서 콘텐츠의 분류·편집 및 유통으로 확대되는 것을 의미한다. 다양한 자료를 자기만의 스타일로 조합하는 파워 블로거, 각계각층의 사람들이 거대한 집단 지성을 형성한 위키피디아, 스마트폰을 통해 주제에 따라 유용한 정보를 모아 제공하는 앱 등이 큐레이션의 한 형태라고 볼 수 있다.

— 아마존 래피즈 화면

크라우드 펀딩crowdfunding

자금이 부족하거나 없는 사람들이 프로젝트를 인터넷에 공개하고 목표 금액과 모금 기간을 정하여 익명의 다수에게 투자를 받는 방식으로, 벤처 기업의 또 다른 자본 조달 방법이다. 세계 최초의 크라우드 펀딩 사이트는 2008년 1월에 시작한 인디고고indiegogo이며, 가장 유명한 크라우드 펀딩 사이트는 2009년 4월 출범한 미국의 킥 스타터kick starter다. 크라우드 펀딩은 미국과 유럽 등지를 중심으로 확산되었으며, 2019년 현재 각종 스타트업들이 첫 제품을 내놓을 때 사용하는 주요한 방식으로 자리매김했다.

크라우드 펀딩은 크게 대출형, 투자형, 후원형, 기부형으로 나눌 수 있다. 특히, 후원형은 주로 창작 활동, 문화 예술 상품, 사회 공익 활동 등을 지원하는데, 영화·연극·음반 제작, 전시회·콘서트 등의 공연, 스포츠 행사, 사회 공익 프로젝트 등에 자금을 후원하고 공연

티켓, 시제품 또는 기념품을 받거나 기여자 명단에 이름을 올리는 식의 보상을 받게 된다.

출판계에서는 크라우드 펀딩이 출판 제작과 결합되면서 북 펀딩이 인기를 끌고 있다. 북 펀딩은 책 내용에 공감한 독자나 투자자가 출판 비용을 지원하는 출판 시스템이다. 출판사나 저자가 비용을 들여 출판하는 기존 방식과 다르게 책 내용에 공감한 사람들이 비용을 투자해 책을 내는 방식이다. 출판사는 비용을 절감할 수 있고, 저자는 평균보다 높은 인세를 받을 수 있으며, 투자자 입장에서는 책이 일정 수준 이상 판매될 경우에 수익을 배당받을 수 있다.

베스트셀러가 된 백세희 작가의 『죽고 싶지만 떡볶이는 먹고 싶어』는 국내 크라우드 펀딩 사이트 텀블벅에서 모금을 받아 출간됐다. 처음에는 500부를 제작하기 위해 펀딩을 시작했는데 2,000만 원이 넘는 금액이 모였고 2,000부를 찍게 됐다. 출판사에서 정식 출간될 때도 한 번 더 모금을 해서 1,200만 원이 넘는 돈이 모였다. 가수 요조의 독립 서점 운영기 『오늘도, 무사』도 텀블벅에서 펀딩에 성공해 정식 출간된 의미 있는 사례다.[15]

킨들 kindle

아마존이 2007년 11월에 출시한 전자책 전용 기기로, 아마존의 킨들 스토어에서 구입한 전자책과 신문·잡지, 사전의 내용을 읽을 수 있다. 킨들 스토어에는 종이책보다 저렴한 전자책이 구비되어 있으며, 킨들 이용자들은 원하는 전자책을 다운로드하여 볼 수 있다.

킨들은 종이책과 비슷한 크기로 휴대가 간편하다. AZW라는 독자적인 전자책 지원 포맷을 사용하여 TXT, DOC, RTF, HTML 형식의 문서를 읽을 수 있으며, 킨들 DX 기종의 경우에는 PDF 파일도 읽을 수 있다. 컴퓨터가 없어도 무선통신망으로 아마존에 접속하여 전자책을 다운로드할 수 있는데 무선통신망 이용 요금은 별도로 내지 않아도 된다. MP3와 오디오북의 부가 기능도 갖추고 있다.

킨들의 최대 강점은 휴대폰이나 노트북 PC에 주로 사용되는 LCD 화면이 아니라 발광체가 없는 E-잉크 화면(전자 잉크 디스플레이)이 장착되어 있어 햇빛 아래에서도 글자가 또렷하게 보이고, 장시간 사용해도 눈이 피로하지 않다는 점이다. E-잉크 화면에는 검은색과 흰색의 잉크 입자가 채워져 있어 전기 신호가 오면 입자가 회전하며 흑백 화면을 제공한다. LCD처럼 화려한 색상을 표현하지는 않지만 종이책의 활자를 읽는 것 같은 느낌을 준다.

테드북스

테드TED; Technology, Entertainment, Design는 미국의 비영리 재단에서 정기적으로 개최하는 강연회다. 과학에서 국제적인 이슈까지 다양한 분야와 관련된 강연도 이루어지고 있다. 테드 강연은 통상 한 편당 18분 이내로 진행된다. 1984년 테드가 창립된 이후, 1990년부터는 매년 개최되고 있는데, 알릴 가치가 있는 아이디어 Ideas worth spreading를 모토로 삼고 있다. 2006년부터는 전용 웹사이트에 강연 동영상을 올려서 전 세계적으로 인기를 끌고 있다. 초대되

— 테드북스 홈페이지

는 강연자들은 각 분야의 저명인사와 괄목할 만한 업적을 이룬 사람들이 대부분으로 빌 클린턴, 앨 고어 등 유명 인사와 노벨상 수상자도 많다.

테드는 우수 강연을 선별해서 '테드북스TED books' 시리즈로 출간하고 있다. 평균 18분 분량의 테드톡스TED talks보다 심층적으로 강연자와 만날 수 있고, 좀 더 깊은 주제와 내용을 파헤칠 수 있다. 테드북스 시리즈는 건축, 비즈니스, 우주 여행, 사랑 등 광범위한 주제를 다룬다.

첫 번째 테드북스의 시리즈는 2014년에 출간된 댄 애리얼리Dan Ariely의 『성과: 동기부여를 형성하는 숨겨진 논리Payoff: The Hidden Logic That Shapes Our Motivations』다.[16] 2019년 기준으로 총 24종의 테드북스가 출간되었고, 20개 이상의 언어로 번역되어 있다. 테드북스의 모든 책은 해당 페이지에서 링크를 통해 아마존과 반스앤노블 등 주요 서점으로 이동해 바로 구입할 수 있다. 한국에서는 문학동네 출판사에서 테드북스의 작품을 선보이고 있다. 지식 문화 콘텐츠가 다시 책으로 만들어지면 그 내용이 더욱더 깊게 다뤄지고 영상에 담지 못했던 새로운 것들을 발견할 수 있다. 테드북스의 미래가 밝은 이유가 바로 여기에 있다.

토리노 얼라이언스Tolino alliance

독일의 전자책 관련 사업자들은 아마존 킨들에 대해 연합을 통한 공동 대응을 하기로 뜻을 모았다. 토리노 얼라이언스는 2013년 3월 전자책 운영 기술과 제반 비용 절감을 위해 공유형 플랫폼 구축을 최우선 과제로 삼아 출범했다. 독일을 대표하는 출판사인 베르텔스만, 도서 유통사인 탈리아, 후겐두벨, 웰빌드와 통신사인 도이치텔레콤이 투자해 운영 중이다. 독일에서 성공적으로 안착한 토리노 얼라이언스는 인근 유럽 국가로 진출했다.

2014년 7월 벨기에의 도서 유통사인 스탠다드 부칸들Standaard Boekhandel, 9월에는 네덜란드의 쿱 리브리스coop Libris가 토리노 얼라이언스에 참여하기로 결정했다. 11월에는 이탈리아의 아이비에스IBS도 참여하면서 유럽에서 아마존과의 경쟁 구도를 더욱 심화시켰다. 2019년 10월 현재 안드로이드와 iOS용 앱, 전자 잉크 전용 기기와 태블릿 PC를 출시하면서 플랫폼의 완결성에 집중적으로 투자하고 있다. 아마존 독점금지법을 시행한 프랑스와 북유럽 국가들도 토리노 얼라이언스에 참여할 가능성이 높다. 자국의 출판 콘텐츠 산업 보호와 육성 차원에서 토리노 얼라이언스는 전자책 시장에서 가장 효과적인 방안으로 보인다.

유럽에서 전자책 시장의 성장이 더딘 이유 중 하나는 부가 가치세 적용 때문이다. 독일에서 일반 상품은 19%의 부가 가치세가 책정되지만, 책에는 7%만 붙는다. 하지만 전자책은 소프트웨어로 적용되어 부가 가치세 혜택이 없다. 그만큼 전자책 가격이 비교적 높은 편이라서 독자들의 구매력을 높이는 데 어려운 점이 있다.

독일의 경우, 아마존의 영향력이 여타 유럽 나라들처럼 상당히 높은 편이다. 아마존의 무차별적인 할인 공세와 무료 배송 정책 등으로 지역 서점과 도매상의 손실이 커지고 있다. 더불어 전자책 시장마저 아마존의 아성에 넘어간다면 출판 강국 독일의 위상마저 흔들릴 것으로 보는 분위기가 지배적이었다. 실제로 아마존은 독일의 전자책 시장에서 43%의 점유율을 차지하고 있으며 판도 변화도 빠르게 진행 중이다. 이러한 이유로 2013년 2월, 지역 사업자들을 중심으로 토리노 얼라이언스가 만들어졌고, 2019년에는 35% 이상의 시장 점유율을 확보할 만큼 아마존과 치열하게 경쟁하고 있다.

토리노 얼라이언스는 각각의 참여 주체별로 업무가 확실히 구분되어 있다. 출판사와 서점은 판매와 마케팅에 집중하고, 도이치텔레콤은 IT와 하드웨어 등 기술적인 부분을 맡고 있다. 토리노 얼라이언스를 통해 제공할 수 있는 서비스와 독자 지원은 여전히 서점의 몫이다. 따라서 토리노 얼라이언스의 본체는 전자책 사업을 위한 기본적인 시스템 백엔드Backend, 콘텐츠 핸들링Content Handling, 각종 애플

리케이션 및 전자책 기기를 개발하는 데 주력하고, 서점은 고객 서비스와 같은 고유의 핵심 사업에 주력한다.

그들의 비전은 유럽 지역을 선도하는 전자책 독서 환경을 만들고 최고의 전자책 콘텐츠를 제공하는 것이다. 앞으로 전자책이 출판 시장의 10% 정도를 차지하는 독일에서 토리노 얼라이언스의 선전은 지속될 것으로 보인다.

펭귄랜덤하우스의 독자 보상 로열티 프로그램

2019년 4월에 펭귄랜덤하우스에서 발표한 프로그램이다. 자사의 책을 구입한 영수증을 등록하면 도서당 10포인트를 제공하고, 적립된 포인트로 자사의 책을 구입할 수 있게 지원한다. 펭귄랜덤하우스 홈페이지에 로그인하면 로열티 프로그램에 해당하는 책의 안내 메시지가 뜬다. 온·오프라인 서점에서 구입한 영수증에 적힌 구입 서점명, 구입일, 일련번호 등을 양식에 입력하면, 인증 후 리워드 포인트가 적립된다. 도서당 1회만 가능하고, 연간 720포인트까지 적립 가능하며, 120포인트부터 보상 코드가 발송된다. 독자는 보상 코드로 최대 30달러의 책을 구입할 수 있다.[17]

이 로열티 프로그램은 사람들이 자기가 선호하는 브랜드에서 직접 보상을 받고 싶어 하는 마음이 강하다는 조사 결과를 적용했다. 실제로 출판사는 자사의 책을 누가, 언제, 어디에서 구입했는지 알기 어렵다. 이런 방식을 사용하면 실제 구매 고객과 해당 도서의 데이터를 쉽게 파악하고 마케팅에 활용할 수 있다. 출판사 입장에서는 데이터 마케팅과 고객 충성도, 팬덤을 확보하는 데 큰 도움이 된다.

추가로, 이 로열티 프로그램 가입자에게는 펭귄랜덤하우스에서 도서 큐레이션 메일을 정기적으로 발송한다. 해당 독자에게는 맞춤형 도서 추천 정보를 받을 수 있다는 점도 매력적이다. 출판사 관점에서 마케팅의 미래는 우리 브랜드와 도서에 관심이 있는 독자를 발굴하고 유지·확대하는 것에 있다. 그리고 이것을 바탕으로 하고 싶은 홍보 활동을 출간 전후로 자신 있게 펼쳐나갈 수 있기 때문에 이 로열티 프로그램은 투자 대비 효과가 높은 전략으로 평가되고 있다.

---

1 인문콘텐츠학회, 「디지털 콘텐츠 제작과정에서 한국·미국·일본의 원소스멀티유스(One-Source Multi-Use) 적용방식 비교 연구」(http://www.dbpia.co.kr/journal/articleDetail?nodeId=NODE00810646&language=ko_KR)

2 지디넷코리아, 「구글 북스, 저작권 침해 혐의 벗었다」(zdnet.co.kr/view/?no=201510 17094723)

3 중앙일보, 「"사랑이 뭐야" AI에 물으면 책 문장·페이지 다 알려준다」(https://news.joins. com/article/22540579)

4 보그, 「Backing Print: Gucci Wooster Opens a Bookstore Curated by Dashwood Books」(https://www.vogue.com/article/gucci-wooster-bookstore-curated-by-dashwood-books?fbclid=IwAR1qZCfue3_pAPuVnhPmV36ItAFdV3JhZWDwqnIS_ez1fTNofh-TiTehzmM&verso=true)

5 위키백과, 「프로젝트 구텐베르크」(https://ko.wikipedia.org/wiki/%ED%94%84%EB%A1 %9C%EC%A0%9D%ED%8A%B8_%EA%B5%AC%ED%85%90%EB%B2%A0%EB %A5%B4%ED%81%AC)

6 뉴스웍스, 「"디앤씨미디어, 국내 1위 노블코믹스 회사"」(http://www.newsworks.co.kr/ news/articleView.html?idxno=321797)

7 테크크런치, 「Liberio Launches New eBook Publishing Platform Based On Google Drive」(https://techcrunch.com/2014/07/22/liberio-launches-new-ebook-publishing-platform-based-on-google-drive/)

8 국민일보, 「일본 서점의 기발한 마케팅… 무슨 책인지 모르고 사는 '문고X'」(http://m.kmib. co.kr/view.asp?arcid=0010989901#RedyAi)

9 머니투데이, 「"책제목·저자·표지 모두 비밀"… 한국판 '문고X' 프로젝트」(https://news. mt.co.kr/mtview.php?no=2017040215074993207)

10 경향신문, 「'복간' 원하면 투표하세요… 불황 속 일본 출판 문화 떠받치는 '복간' 열정」, (http://news.khan.co.kr/kh_news/khan_art_view.html?art_id=201707241114001# csidx0aa8285fe68edceb1695396fc232d52)

11 https://booksaremybag.com/

12 머니투데이, 「"입장료 1만5000원" 日서점의 실험 한 달」(https://news.naver.com/main/ read.nhn?mode=LSD&mid=sec&sid1=104&oid=008&aid=0004159894)

13 매일경제, 「[책과 미래] 비블리오 배틀」(https://news.naver.com/main/read.nhn?mode= LSD&mid=sec&sid1=110&oid=009&aid=0004206898)

14 한국경제, 「IT로 소설이 진화한다… 카톡처럼 대화하듯, '채팅형 소설'이 뜬다」(https://news.naver.com/main/read.nhn?mode=LSD&mid=sec&sid1=105&oid=015&aid=0004100675)

15 매일경제, 「판 커지는 출판계 '크라우드 펀딩'」(https://www.mk.co.kr/news/culture/view/2018/08/492814/)

16 https://www.ted.com/about/programs-initiatives/ted-books

17 퍼블리셔스위클리, 「PRH Creates Reader Loyalty Program」(https://www.publishersweekly.com/pw/by-topic/industry-news/publisher-news/article/79824-prh-creates-reader-loyalty-program.html?fbclid=IwAR3QREGK43k0WBGGLM1CjV1HIcZXXI-u3n-RU_4xUynWGyhglizSi3Rdgp8)

출판의 미래는
북테크 시대와 연결된다

현재의 변화는 미래를 전망할 때 가장 현명한 길을 제시한다. 출판의 미래는 어디로 흘러갈 것인가? 세계 출판계에 몸담고 있는 전문가들의 의견도 제각각이다. 출판계 내부만의 문제 인식으로 전망하기에는 인접 산업과 정보 통신 기술의 발전을 무시할 수 없다. 하지만 변화의 본질은 출판계 내부의 다양한 개선 의지와 도전에 뿌리를 두어야 한다. 이 책에서 언급한 시장 변화와 몇몇 출판 사업자의 사례는 아직까지 성공적으로 진행되는 것도 있지만 이미 시장에서 사라진 것도 있다. 당연한 이야기지만, 새로운 것이 모두 성공한다는 보장은 없다. 세상이 받아들이기에는 너무 빨리 나와서 이해관계자들에게 선택받지 못한 도전들도 많다.

인류 문명사에서 3대 혁명으로 손꼽히는 구텐베르크 혁명은 출판의 기틀을 잡은 가장 혁신적인 시도였다. 이후 지금까지도 구텐베르크 프로젝트라는 이름으로 디지털과 온라인을 통해 출판 정신을 확장해가고 있다. 그렇다면 지난 20년간 세계 출판 시장의 변화와 혁신을 주도한 기업은 어디일까? 그중에는 내가 이

책에서 가장 많이 언급한 기업인 아마존을 빼놓을 수 없다. 출판 활동의 본질은 쓰기와 읽기에 있고, 비즈니스 활동의 본질은 제작과 유통에 있다. 온라인 서점으로 창업한 아마존은 비즈니스와 출판 활동의 본질을 모두 다루면서 각각의 영역에서 다양한 시도를 이어갔다. 아셰트, 하퍼콜린스, 맥밀런, 펭귄랜덤하우스, 사이먼앤슈스터와 같은 흔히 빅5big five로 불리는 대형 출판사들도 변화의 한 축을 담당하고 있다. 이들은 최근에 더욱 거세진 종이책 중심의 출판 산업 구조의 위기로 인해 몸집이 큰 만큼 변화에 대응하기 어려울 것이라는 우려가 컸다. 하지만 디지털 전환을 적극적으로 추진하고, 상품과 콘텐츠의 다변화와 슬림한 조직 구조로의 변화를 실행하면서 빠르게 회복하고 있다.

앞으로의 출판에서 가장 중요한 점은 4차 산업혁명이 불러온 여러 이슈와 그에 대한 대응이라고 본다. 대표적으로 빅데이터, 사물 인터넷, 증강 현실, 가상 현실, 인공 지능, 클라우드, 큐레이션 등과 연결된 북테크는 출판의 미래를 상징할 것이다. 하지만 기술만능주의로 흘러가야 한다는 의미는 아니다. 출판의 세부 분야마다 적절한 균형잡기와 견제를 통해 출판의 본질적 가치가 확장되어야 한다는 것이다. 규모가 커야만 세상을 지배하는 것이 아니라는 사실은 이미 여러 산업에서 확인되고 있다. 출판도 마찬가지다. 독립 출판과 독립 서점은 지금보다 더 큰 영역을 차지하면서 생태계의 자유도와 성장 잠재력을 키워갈 것이다.

나는 앞으로도 세계 출판 시장의 새로운 시도들을 계속해서 들여다볼 계획이다. 유의미한 사례가 발견되고, 한국 출판업계에 작은 도움이 된다면 정리해서 공유를 이어갈 생각이다. 여러모로 많은 관심과 조언을 바라며, 이 책을 읽어준 독자들에게 감사의 인사를 드린다.

찾아보기

독자의 취향을 저격하는 출판의 새로운 시도들

출판 혁명

2019년 10월 30일 1판 1쇄 인쇄
2019년 11월 11일 1판 1쇄 발행

지은이   류영호
펴낸이   한기호
책임편집   유태선
편집   도은숙, 정안나, 염경원, 김미향, 박소진
경영지원   국순근
펴낸곳   한국출판마케팅연구소
        출판등록 2000년 11월 6일 제10-2065호
        주소 04029 서울시 마포구 동교로 12안길 14(서교동) 삼성빌딩 A동 2층
        전화 02-336-5675 팩스 02-337-5347
        이메일   kpm@kpm21.co.kr
        홈페이지 www.kpm21.co.kr

ISBN 978-89-89420-99-6 03010

· 이 도서의 국립중앙도서관 출판예정도서목록(CIP)은 서지정보유통지원시스템 홈페이지
(http://seoji.nl.go.kr)와 국가자료공동목록시스템(http://www.nl.go.kr/kolisnet)에서
이용하실 수 있습니다.(CIP제어번호: CIP2019042876)
· 책값은 뒤표지에 있습니다.